中級

できる日本語
ことば・表現
ワークブック

嶋田和子 監修
できる日本語教材開発プロジェクト 著

はじめに

『ことば・表現ワークブック』は『できる日本語　中級　本冊』の補助教材として、本冊の「>>>」で示されている「ことば・表現」の部分を効果的に学習できるように作られました。本書を活用することで、タスク達成に必要な言葉や表現を身に付けることができます。また、それぞれの課は話題や場面で構成されているため、他の中級教材を使用している方でも中級の言葉や表現の運用・習得に役立てることができます。

本書の使い方

●構成と特色

各課は、タイトルページとタスクのページに分かれています。

タイトルページ

課のタイトルと、その下にその課のテーマを考えるきっかけになるような問いかけや呼びかけなどがあります。1つの課に4つまたは5つのタスクがあります。タスクの種類は4つです。状況・場面は右のイラストでわかりやすく示されています。

タスクのページ

タスクを達成するときに役に立つ重要な言葉や表現をやりとりや固まりの中で学びます。クイズもあり、豊富なイラストを見ながら楽しく学ぶことができます。重要な言葉や表現は太字になっています。＊で示されているのは、言い換えのできる表現です。

タスクの種類

こんなときどうする？

学習者が生活の中で出合う機会の多いやりとりを取り上げています。その場面・状況でのやりとりで使われる表現を学ぶことができます。左右からの吹き出しで2人のやりとりが示されています。達成してほしいタスクを行うのは、濃い色の吹き出しの人です。左のイラストは会話の流れを表しています。会話を考える際の参考にしてください。

i

見つけた！
ポスターやパンフレット、新聞や雑誌などの記事や読み物から情報を読み取ったり、内容を理解したりするのに必要な言葉や表現、文章の構成などを学ぶことができます。

耳でキャッチ
ニュースや会話、インタビュー、専門家の解説などを聞いて、情報や知識を得たり、何人かと話している場面で、話の内容を聞き取るのに必要な言葉や表現を学ぶことができます。

伝えてみよう
自分の経験や紹介したいこと、意見などを述べるときに必要な言葉、表現を登場人物が話すサンプルを通して学ぶことができます。

● 『できる日本語　中級　本冊』各課の行動目標、タスクのできること、ことば・表現（>>>）

課	行動目標		タスク種類	できること	>>>ことば・表現
1	新しい環境に自分から挑戦して、その環境で印象的に自己紹介することができる。	1	見つけた！	興味のあるお知らせの情報を読み取ることができる。	イベントのお知らせでよく見ることば
		2	こんなときどうする？	参加するイベントの内容を話して友達を誘うことができる。	友達を誘うときに使う表現
		3	耳でキャッチ	天気予報を聞き取って自分の行動を決めることができる。	天気予報でよく聞くことば・表現
		4	伝えてみよう	覚えてもらえるように印象的に自己紹介することができる。	自己紹介で使える表現 性格を表すことば
2	周りからいろいろな情報を得たり、自分の希望を伝えたりして、満足のいく食事や買い物をすることができる。	1	耳でキャッチ	レストランの紹介を聞いて、お得な情報を得ることができる。	飲食店のメニューの特徴を紹介するときに使われる表現
		2	こんなときどうする？	友達に希望を聞いて、お薦めの情報と情報の探し方を紹介することができる。	お得な情報をすすめるときに使える表現
		3	見つけた！	看板やポスターを見て、どんな内容が書いてあるか理解して情報を得ることができる。	セールのチラシや看板でよく使われることば
		4	こんなときどうする？	店の人に希望を伝えて依頼することができる。	店の人にやわらかく希望を伝えるときに使える表現
		5	こんなときどうする？	買い物についての経験談を周りの人と共有し、自分の買い物に役立てることができる。	経験したときの気持ちを伝えるときの表現

課	行動目標		タスク種類	できること	>>>ことば・表現
3	これからの自分にとって有意義な過ごし方を考えて、周りの人と生活の工夫や時間の使い方などの情報をやりとりすることができる。	1	見つけた！	時間の使い方について書かれた雑誌の記事を読んで、情報を得ることができる。	時間の使い方に関係があることば 時間の使い方や大切さを表すことわざ（本書では取り上げていません）
		2	耳でキャッチ	生活のリズムについて友達の話を聞いて、どんな工夫をしているか知ることができる。	生活のリズムのためにしている工夫について話すときの表現
		3	伝えてみよう	今の時間を将来の目標を実現するための時間として、どのように活用しているか周りの人と共有することができる。	将来のことを考えて準備していることを伝える表現
		4	こんなときどうする？	日本の生活を充実させるために、何かしている人から情報を得ることができる。	自分がしたいことについての情報を友達にもらうときの表現
4	地域の暮らしに必要な情報を得て、快適な生活を送ることができる。	1	耳でキャッチ	施設を利用するのにわからないことがあったとき、職員の説明を聞き取ることができる。	施設の利用方法の説明で使われることば・表現
		2	こんなときどうする？	困っていることを管理人に説明し、解決してもらえるように頼むことができる。	言い出しにくいことを言うときの表現
		3	見つけた！	地域にある施設の利用案内を読んで情報を得ることができる。	施設の利用案内でよく見ることば
		4	伝えてみよう	よく利用する施設の様子や特徴（便利な点、設備など）について紹介することができる。	施設のよさについて紹介するときの表現
		5	耳でキャッチ	電話で道順をメモしながら行き方を知ることができる。	道を案内するときに使う表現
5	予期しないことが起きたとき、状況を理解して適切な行動をとることができる。また、緊急事態が起こって経験したことについて話すことができる。	1	耳でキャッチ	地震や台風などの速報を聞いたとき、必要な情報を得ることができる。	地震や台風などの速報でよく使われることば
		2	こんなときどうする？	約束の時間に間に合わないとき、状況を説明して指示を受けることができる。	交通機関が止まっている状況を説明するときの表現
		3	こんなときどうする？	けがをしたときの状況と今の状態を説明することができる。	事故の状況とけがの説明をするときのことば・表現
		4	見つけた！	避難の際の注意事項を読んで、情報を得ることができる。	災害時の避難に関係があることば・表現
		5	伝えてみよう	緊急事態が起こって経験したことを周りの人と共有することができる。	けがや急病に関係があることば・表現
6	ふるさとや住んだことがある場所の地理や気候に合わせた生活を紹介して、お互いの理解を深めることができる。	1	見つけた！	説明を読んで、日本の地理や町の様子、気候について知ることができる。	地形や町の様子、気候を説明するときの表現
		2	耳でキャッチ	説明を聞いて、日本の気候に合わせた建物の特徴を知ることができる。	気候のことを考えて造られた建物について説明するときに使う表現
		3	こんなときどうする？	気候が合わなくて体調を崩した友達の話を聞いて、アドバイスすることができる。	友達の体調に合わせてアドバイスするときの表現
		4	見つけた！	説明を読んで、町の特徴や歴史などについて知ることができる。	町の特徴や歴史を説明するときのことば・表現
		5	伝えてみよう	国・ふるさとの地形や気候を利用した名物や風物詩を紹介することができる。	地形や気候を利用した行事や、特産物などについて説明するときの表現

課	行動目標		タスク種類	できること	>>>ことば・表現
7	異なる背景を持つ人々との交流を通して自分の視野を広げることができる。	1	見つけた！	新しい活動に参加する前に参加者の体験談を読んで、活動の内容や様子についての情報を得ることができる。	活動に参加する前とあとでの気持ちの変化を表すときの表現
		2	こんなときどうする？	相手の都合や好みを考えながら、自分が興味を持って参加するイベントに誘うことができる。	相手の都合や好みを考えて丁寧に誘うときの表現
		3	耳でキャッチ	世代や性別で違いがある話し方を聞いて理解することができる。	自分や相手を呼ぶときのことば
		4	伝えてみよう	出会った人々との交流について話すことができる。	交流の体験を述べるときに使うことば・表現
8	場面に応じて自分の気持ちをうまく伝えたり、相手の気持ちを受け止めたりして、周りの人と気持ちよくコミュニケーションを取ることができる。	1	こんなときどうする？	理由を話して、相手に丁寧に許可を求めることができる。	目上の人に丁寧に許可を求めるときに使う表現
		2	見つけた！	メッセージの伝え方について知って、自分の生活に活かすことができる。	気持ちを伝える挨拶表現
		3	耳でキャッチ	愚痴を聞いて気持ちを理解することができる。	愚痴を言うときの表現
		4	こんなときどうする？	メールを読んで、送った人の励ましの気持ちを理解することができる。	友達を慰めるときの表現
		5	伝えてみよう	気持ちの伝え方について自分の考えを理由とともに述べることができる。	自分の考えを理由と一緒に言うときに使う表現
9	日本語の豊かな表現を知って、自分の国のよく似た表現と比べたり、紹介したりしながら、周りの人と楽しくコミュニケーションを取ることができる。	1	見つけた！	詩を味わうために、その詩について書かれた感想を読んで、詩について知ることができる。	作品の感想を述べるときの表現
		2	耳でキャッチ	語呂合わせの説明を聞いて、言葉のおもしろさを知ることができる。	理解を確認しながら、友達に説明するときに使う表現
		3	こんなときどうする？	擬音語や擬態語を知って、日本語の表現のおもしろさを知ることができる。	気持ちを表す擬音語・擬態語
		4	伝えてみよう	日本語を使う楽しさや難しさについて、経験をもとに話すことができる。	外国語を使ったときの楽しさや難しさを伝えることば
		5	耳でキャッチ	日常生活の中で耳にした日本語に関する質問をしたとき、その答えを聞いて理解することができる。	生活の中で耳にする日本語について説明するときに使われることば
10	旅先でいろいろな情報を得て、楽しく快適に旅行することができる。また、旅の思い出を共有することができる。	1	見つけた！	自分の興味に合ったツアーを選ぶために旅行についてのパンフレットを読むことができる。	観光地の特徴について説明するときに使われる表現
		2	耳でキャッチ	ガイドの説明を聞いて、見どころや注意を理解することができる。	観光ガイドの説明でよく使われる表現
		3	こんなときどうする？	場所や状況を思い出しながら電話で忘れ物の問い合わせをすることができる。	電話で忘れ物の問い合わせをするときの表現
		4	耳でキャッチ	車内放送を聞いて情報を得ることができる。	車内アナウンスでよく聞くことば・表現
		5	伝えてみよう	心に残った旅行について周りの人に紹介することができる。	旅行の思い出を紹介するときに使うことば・表現

課	行動目標		タスク種類	できること	>>>ことば・表現
11	さまざまな人のライフスタイルを知って、自分自身の考えや経験と比較して意見を言うことができる。	1	耳でキャッチ	テレビのニュース番組を見て、調査結果の解説を聞いて、日本の大学生の平均的な生活について知ることができる。	調査の内容や結果を説明するときに使われることば・表現
		2	見つけた！	情報誌を読んで、衣食住について最近話題になっていることを知ることができる。	生活スタイルの傾向を紹介するときに使われる表現
		3	こんなときどうする？	親しい人との約束を、事情を説明してキャンセルすることができる。	友達との約束を断るときに使う表現
		4	伝えてみよう	結婚に関する記事を読んで、自分の考えを話すことができる。	グラフやデータを見て自分の考えを述べるときに使う表現
12	異なる環境において自分の目標を達成するために、心と体の健康を保って生活することができる。	1	こんなときどうする？	気持ちが落ち込んだとき、身近な人に状況を話してアドバイスをもらうことができる。	友達からアドバイスをもらいたいときに使う表現
		2	耳でキャッチ	テレビ番組を見て、運動習慣と体力にどのような関係があるかについて知ることができる。	運動習慣の大切さについて話すときに使うことば・表現
		3	見つけた！	記事を読んで、睡眠に関する情報を得ることができる。	睡眠に関係があることば
		4	見つけた！	新聞の投書欄を読んで、健康について自分の意見を言うことができる。	他の人の意見を受けて自分の意見を述べるときに使う表現
13	社会の流行やトレンドについて知り、その中で興味のあることを話題に取り入れて周囲の人々とやり取りすることができる。	1	見つけた！	自分と同じことに興味を持っている人の体験ブログを読んで情報を得ることができる。	熱中していることを紹介するときに使う表現
		2	伝えてみよう	好きな作品(映画・ドラマ・アニメ…)について大まかなストーリーと見どころを紹介することができる。	好きな作品とその見どころを紹介するときに使うことば・表現
		3	耳でキャッチ	今、話題のこと、物が社会でどのように広がっているか知ることができる。	話題になっていることが広がっていく様子を表すことば・表現
		4	こんなときどうする？	大切にしている物について、修理を依頼することができる。	実現したい気持ちを伝えて依頼するときに使う表現
		5	耳でキャッチ	イベントの開催地からのリポートを聞いて、情報を得ることができる。	イベントの現地リポートでよく聞く表現
14	異なる社会の中で生活習慣や発想の違いについて気が付いたことを周りの人と共有し、生活を楽しむことができる。	1	見つけた！	投書を読んで、自分と異なる習慣などについて理解することができる。	新聞の投書で使われる疑問や意見を表す表現
		2	こんなときどうする？	客からの無理な注文に対して、それができない事情を説明し、丁寧に対応することができる。	無理な注文に丁寧に対応し、代案を出して勧めるときに使う表現
		3	耳でキャッチ	異文化適応についての解説を聞き、グラフを見ながら心の変化について理解することができる。	図や表を見ながら説明するときに使われる表現
		4	伝えてみよう	自分の国と日本との違いについて様子や状況を少し詳しく描写することができる。	驚きや感動、疑問などを述べるときに使う表現

v

課	行動目標		タスク種類	できること	>>>ことば・表現
15	情報とは何かやメディアの特性について知り、自分の意見を述べることができる。	1	伝えてみよう	情報を集めるのにメディアをどのように使い分けているか、理由とともに述べることができる。	情報メディアを表すことば
		2	見つけた！	記事を読んでソーシャルメディアのマイナスの面を知ることができる。	利用してみて気が付いた予想外のことを述べるときの表現
		3	耳でキャッチ	ラジオ番組を聞いて個人情報について考えるきっかけを得ることができる。	よくないことが起こる可能性を心配するときによく使われる表現
		4	こんなときどうする？	自分だけでは判断できないことに対して理由を言って断ることができる。	自分で判断できないことを伝える表現
16	国や地域による学校事情の違いや教育に関して話題になっていることを知り、自国と比較したり自分自身の経験を振り返ったりして、意見を述べることができる。	1	耳でキャッチ	学校生活の思い出を話しているのを聞いて、日本の学校生活の一部を知ることができる。	中学、高校生活の思い出を話すときに使うことば・表現
		2	伝えてみよう	インターネットの書き込みを見て、学校生活について自分の意見を言うことができる。	相手の考えを受け入れながら、自分の意見を述べるときの表現
		3	見つけた！	受験関連の話題を伝える記事を読んで、情報を得ることができる。	受験の話題でよく使われることば 毎年取り上げられる話題を伝えるニュースや記事で使われる表現
		4	こんなときどうする？	自分の経験を交えて、友達の気持ちを後押しすることができる。	相手の気持ちを後押ししたいときの表現
		5	見つけた！	教育に関して話題になっていることについて、解説を読んでその特徴を読み取ることができる。	話題になっている新しい考え方の解説で使われる表現
17	自分の将来について考えるために、仕事に対する考えを周りの人と共有したり、就職のために情報を集めたりすることができる。	1	伝えてみよう	他の人の仕事に対する考えを聞いて、自分の意見を言うことができる。	必要な条件を言うことで自分の意見を補強したいときに使う表現
		2	見つけた！	留学生向けに書かれた就職活動のパンフレットを読んで、内容を理解し情報を得ることができる。	就職活動のパンフレットに出てくることば
		3	耳でキャッチ	先輩の話を聞いて、就職活動に関する情報を得ることができる。	わかりやすくするために例を出して説明するときに使う表現
		4	こんなときどうする？	目上の人にメールで丁寧に依頼することができる。	丁寧な依頼のメールを知り合いに送るときに使う表現
		5	こんなときどうする？	初めて会う人に電話をして相手の都合を聞きながら、会う約束をすることができる。	目上の人や初めての人に電話をかけるときに最初に言う表現
18	環境について、どのようなことが問題になっているか理解し、環境のためにできることは何かについて、意見を述べることができる。	1	耳でキャッチ	ニュースを聞いて、身近な環境問題とその対策を知ることができる。	身近な環境問題とその対策で使われることば・表現
		2	こんなときどうする？	不要になった物を処分する際、希望する人にわかりやすく物の説明をして、譲ることができる。	物の形や特徴、状態を説明するときに使うことば・表現
		3	見つけた！	環境の変化に影響を受けている動植物の問題について書かれた記事を読んで、理解することができる。	問題の原因と結果、またその後について述べるときに使われる表現 絶滅のおそれがある野生動物について紹介するときに使われることば
		4	伝えてみよう	自分の周りの守りたい自然について述べることができる。	自然の大切さについて述べるときに使う表現

課	行動目標		タスク種類	できること	>>>ことば・表現
19	科学技術に関する話題に触れ、科学の力が社会でどのような役割を果たしているかを考え、問題意識を持つことができる。	1	見つけた！	生活で役に立っている科学のおもしろさについて読んで知ることができる。	専門的な内容を興味・関心をひくように解説するときに使われる表現
		2	伝えてみよう	記事を読んで、介護ロボットについてさまざまな立場や条件などを考えて、意見を言うことができる。	さまざまな立場や条件などを考えて、意見を言うときに使う表現
		3	こんなときどうする？	状況を説明して修理を依頼することができる。	物が壊れた状況を説明するときに使う表現
		4	耳でキャッチ	ある国のエネルギー政策の現状を聞き、基本的な情報を得ることができる。	エネルギー問題について説明するときに使われることば・表現
		5	見つけた！	話題になっている医療関係の記事を読んで、基本的な知識を得ることができる。	医療技術に関する記事などでよく使われることば
20	豊かさについての多様な価値観や考え方を知り、自分の考えを客観的に振り返って、周りの人と意見を交換することができる。	1	伝えてみよう	自分の価値観を伝えるために、あると幸せだと思うものについて優先順位を考えながら話すことができる。	大切だと思うものについて、優先順位を考えながら話すときに使う表現
		2	見つけた！	雑誌の記事を読んで、幸せを数値化することについて考えるきっかけを得ることができる。	国や地域の幸せについて述べるときに使われることば
		3	耳でキャッチ	経営者へのインタビューを聞いて、その理念を知ることができる。	会社の経営理念について話すときに使われることば・表現
		4	見つけた！	人物紹介の記事を読んで、その人の決意や行動を理解することができる。	決意したときの状況や思いを伝えるときの表現
		5	こんなときどうする？	団体で店を利用するときに、幹事として希望を伝えて予約することができる。	希望を伝えて予約するときに使う表現

目次

第 1 課	新たな出会い	1
第 2 課	楽しい食事・上手な買い物	11
第 3 課	時間を生かす	19
第 4 課	地域を知って生活する	25
第 5 課	緊急事態！	33
第 6 課	地図を広げる	45
第 7 課	世代を超えた交流	57
第 8 課	気持ちを伝える	65
第 9 課	ことばを楽しむ	73
第10課	日本を旅する	83
第11課	ライフスタイル	91
第12課	心と体の健康	99
第13課	トレンドに乗ってつながる	107
第14課	カルチャーショック	115
第15課	情報社会に生きる	123
第16課	学校生活	129
第17課	働くということ	141
第18課	地球に生きる	151
第19課	科学の力	161
第20課	豊かさと幸せ	173

第1課 新たな出会い
あら　で あ

新しい生活が始まります。あなたは人間関係を広げるために、どんなことをしてみたいですか。

1. イベントのお知らせの内容をキャッチしよう！

   イベントのお知らせで、どんな言葉が使われますか。

   見つけた！

2. おもしろそうなイベントを見つけたよ。友達を誘おう。

   友達を誘うとき、どんな表現を使いますか。

   こんなときどうする？

3. イベントの日はどんな天気かな。

   天気予報で、どんな言葉や表現が使われますか。

   耳でキャッチ

4. イベント当日。自己紹介で自分のことをもっとアピールしたい！

   ・自己紹介のとき、どんな表現を使いますか。
   ・性格を話すとき、どんな言葉を使いますか。

   アピール-する：to make an appeal (for something)／展現／어필－하다／
   Kêu gọi, thỉnh cầu, thu hút

   伝えてみよう

1. イベントのお知らせの内容をキャッチしよう！
>>> イベントのお知らせでよく見ることば

aとb、どちらの意味ですか。

カメラ教室

もっと写真を上手に撮るためにはどうしたらいい？
プロのカメラマンが教えます！

日　時：7月6日（土）　13:00〜
場　所：さくら公園
参加費：200円
定　員：15名（先着順）
申し込み〆切：6月25日

参加ご希望の方は、センター窓口でお申し込みください。

＊当日は、カメラをご持参ください。

＊カメラを借りたい人は、事前予約が必要です。

主催：○○交流センター
問い合わせ：03-XXXX-○○○○
info@xxcenter.com

- a. ○人から
- b. ○人まで

- a. ○日から
- b. ○日まで

- a. 早い人から
- b. あとで選ぶ

a.　　　b.

- a. 持ってきてください
- b. 借りることができます

- a. イベントの日に申し込み
- b. イベントの前に申し込み

- a. 質問
- b. 申し込み

- a. そのイベントを開く人
- b. そのイベントをする場所

順：order／順序,次序／순거,차례／thứ tự

2. おもしろそうなイベントを見つけたよ。
友達を誘おう。
>>> 友達を誘うときに使う表現

①スポーツ大会に友達と参加したいです。

 イさん、ロビーのチラシ見た?

うう。まだ見てない。何かおもしろそうなイベントがあった?

うん。来月、さくら市民体育館でスポーツ大会があるんだって。

へえ、スポーツ大会……。

うん。イさん、日本へ来てからあまりスポーツしてないって言ってたよね。

うん。そうなんだ。国ではよくスポーツしてたんだけど、今は機会がなくて……。

 じゃ、*よかったら、一緒に参加してみない? 卓球とかバドミントンとかいろいろなスポーツができるらしいよ。

*時間があったら、〜

へえ。バドミントン。いつあるの?

ええと、来月の24日の日曜日。

あ、その日だったら、大丈夫。

 じゃ、**一緒に行ってみようよ**。スポーツもできるし、日本人とも友達になれるいい機会だよ。

うん。そうだね。行ってみる。誘ってくれて、ありがとう。

第1課 3

②和菓子を作るイベントに友達と参加したいです。

エレナさん、今度の土曜日、時間がある？

うん。あるよ。

和菓子を作るイベントがあるんだけど、興味があったら、エレナさんと一緒に行きたいと思って……。

へえ、和菓子を作るイベント……。和菓子を作るのって、難しくない？

初心者でも簡単にできるってチラシに書いてあったよ。ね、一緒に行かない？

うん。じゃ、行ってみようかな。楽しみ。

3. イベントの日はどんな天気かな。
>>> 天気予報でよく聞くことば・表現

A. 天気予報を聞いています。明日はどんな天気ですか。

明日は一日中いい天気になりそうです。からっとした秋晴れの一日となるでしょう。最高気温は25度で、日差しも強くなりそうです。しかし、最低気温は今日より4度低く、12度の予想です。朝晩は肌寒く感じるでしょう。お帰りが遅くなる方は薄手のコートがあると便利です。

薄手：thin／薄,较薄／얇은／mỏng

B. (　　)に言葉を書いてください。

ぽかぽか（する）　　じめじめ（する）　　からっと（する／晴れる）

①（　　　　　）晴れていて気持ちがいい。洗濯をしよう。
②今日は暖かいな。（　　　　　）していて気持ちがいい。
③今日は湿気が多くて（　　　　　）している。うー、気持ちが悪い。

第1課　5

C. 線で結んでください。

①平年並みの気温　・　　　・最高気温が25度以上の日

②夏日　　　　　　・　　　・晴れた、いい天気。何かをするのに、ちょうどよい天気
　　　　　　　　　　　　　　（お出かけ〜/行楽〜/洗濯〜/お花見〜など）

③梅雨　　　　　　・　　　・いつもの年と同じくらいの気温

④熱帯夜　　　　　・　　　・6月ごろの雨が多い期間。またその期間に降る雨のこと

⑤〜日和　　　　　・　　　・最低気温が25度以上の夜

D. どんな天気になると言っていますか。a〜cから選んでください。

①（　　）
最低気温は今日より4度低く、12度の予想です。朝晩は肌寒く感じるでしょう。

②（　　）
もうしばらく梅雨のじめじめした日が続く見込みです。明日も蒸し暑い一日になりそうです。

③（　　）
明日は日差しが強くなりそうです。水分をこまめに取るように注意しましょう。お出かけのときは帽子や日傘をお忘れなく。

a.

b.

c.

こまめ(な)：detailed／诚恳(的),勤勉(的)／여러번,자주／chăm chi

第1課

E.　____はどんな意味ですか。a〜dから選んでください。

①昨日から続いている雨がやみ、**天気が回復する**でしょう。　　　　　（　　　）

②明日は午後から**天気が崩れる**でしょう。傘を持ってお出かけください。　（　　　）

③日中は**ぽかぽか**暖かく、**汗ばむ陽気**になりそうです。　　　　　　（　　　）

④しばらく寒さが続く**見込み**です。特に今晩から明日の朝にかけて**冷え込み**そうです。

　　　　　　　　　　　　　　　　　　　　　　　　　　　　　　　　　（　　　）

a．雨や雪などの天気になる

b．悪かった天気がよくなる

c．気温が下がって寒さが厳しくなる

d．汗をかいて体がじっとりするような天気

じっとり：damp／潮湿,湿淋淋／축축하다／ẩm ướt

第1課　7

4. イベント当日。自己紹介で自分のことをもっとアピールしたい！

>>> 自己紹介で使える表現

はじめまして。トリコ・カレンと申します。ブラジルから参りました。「鳥の子ども」、「トリコ」と覚えてください。｜ よかったら、トリちゃんと呼んでください。
｜ 日本人の友達からトリちゃんと呼ばれています。

国で日本のアニメを見たことがきっかけで、｜ 日本語の勉強を始めました。
｜ 日本語に興味を持つようになりました。

ずっと来たかった日本で勉強できて、今とても楽しいです。友達と一緒におしゃべりしたり、笑ったりするのが好きで、一人でいるのは苦手です。ときどき、人から寂しがり屋だと言われます。それから、ちょっとせっかちなところがあって、何かをするとき急いでやってしまって、よく失敗します。落ち着いて行動できる人になりたいです。得意なことはダンスです。音楽が聞こえると、自然に体が動きます。ダンスをしている方がいたら、お話ししたいです。よろしくお願いします。

落ち着く：to calm, settle down／沉着,冷静／침착하다／bình tĩnh

自然(な)：natural／天然(的),自发(的)／자연스럽다／tự nhiên

>>> 性格を表すことば

A. 線で結んでください。

① 一つのことをなかなか続けられない　　・　　・怒りっぽい
② 人に負けたくないという気持ちが強い　・　　・飽きっぽい
③ 悩んだり悲しんだりしないで明るく考える　・　・慎重
④ 何かをするとき失敗しないようによく考える・　・楽天的（⇔悲観的）
⑤ すぐに怒る　　　　　　　　　　　　・　　・負けず嫌い
⑥ 人の気持ちをよく考えることができる　・　　・思いやりがある

悲しむ：to be sad, regret／悲伤／슬퍼하다／đau buồn

8　第1課

B. どちらがいいですか。

① タンさんはいつも静かであまり騒いだりしません。[優しい ・ おとなしい]人です。

② 小林さんは頼まれたことを最後まできちんとやる [思いやりがある ・ 責任感がある] 人です。

③ キムさんは [せっかち ・ 几帳面] です。キムさんの部屋はいつもきちんと片付いていてきれいです。ノートもわかりやすく書かれています。

④ エリーさんは [恥ずかしがり屋 ・ わがまま] で、他の人のことを考えないで、自分の好きなことばかりしています。

⑤ 姉は [気が短い ・ クールな] ところがあって、人に待たされるとすぐ怒ってしまいます。

⑥ ベンさんは何かをするとき、間違いがなくて、きちんと最後までできる人です。とても [しっかりしています ・ のんびりしています]。みんなから信頼されています。

⑦ 私はいろいろなことを自分からやってみようと思う性格です。[積極的 ・ 楽天的] にイベントに参加しています。(⇔消極的)

片付く：to be put in order／收拾整齐／정리되다 ,정돈되다／được dọn dẹp

信頼-する：to trust／信任／신뢰하다／tin cậy

第1課　9

C. どんな性格ですか。＿＿＿＿はa〜fのどれですか。

① 私はおっちょこちょいで、よく約束を忘れたり、時間を間違えたりします。（　　　）

② 山田さんは素直な人です。周りの人に注意されたらすぐ直します。　　　（　　　）

③ 私は料理を作るとき、きちんと分量を量らないので、よくおおざっぱだと言われます。

（　　　）

a. 心がまっすぐで、周りの人の言うことをよく聞く

b. 不注意でよく失敗する

c. 数や時間などが正しくなくてもだいたい合っていればいいと思う

④ 授業が終わったら、みんな急いで教室を出て行きますが、タパさんは帰る準備をゆっくりしています。のんびりしている人です。（　　　）

⑤ 中村さんは活発な人です。学校や地域のイベントによく参加しています。（　　　）

⑥ 父は頑固で、家族の言うことをなかなか聞きません。（　　　）

d. 明るく元気で、活動的

e. 自分の考えをなかなか変えない

f. 急がないで、ゆっくり時間を使う

分量：amount／分量,比例／분량／liều lượng　　量る：to measure／计量／(양을)달다,재다／đo đạc

活動的(な)：energetic／活跃的／활동적이다／năng động

D. ①〜④はどんな人ですか。a〜dから選んでください。

① キムさんは目標に向かって毎日こつこつ頑張っています。（　　　）

② ヤンさんはどんなことを言われても怒ったり、あきらめたりしません。（　　　）

③ 母はとても親切ですが、親切すぎてよく必要ではないことまでしてしまいます。（　　　）

④ 兄は細かいことを気にしすぎていらいらすることが多いです。（　　　）

a. 我慢強い　　b. 神経質　　c. 努力家　　d. おせっかい

こつこつ：steadily／踏实,孜孜不倦／착실하다／không mệt mỏi

いらいら：annoyed／焦躁,焦急／조바심을 내다／bồn chồn

第2課 楽しい食事・上手な買い物

お得な情報を得たり希望を伝えたりして、楽しい食事や上手な買い物をしましょう

1. レストランのお得な情報を手に入れて利用しよう。

   レストランでお得な情報を見たり聞いたりしたことがありますか。メニューの特徴を紹介するとき、どんな表現が使われますか。

   手に入れる：to obtain／入手／손에 넣다／có được, đạt được

   耳でキャッチ

2. おすすめの店を友達に聞かれたよ。教えてあげよう。

   友達にお得な店の情報を教えるとき、どんな表現を使いますか。情報の探し方を教えるとき、どんな表現を使いますか。

   こんなときどうする？

3. チラシや看板からお得な情報を手に入れて、上手に買い物をしよう。

   セールのチラシやポスター、看板で、どんな言葉が使われますか。

   見つけた！

4. 買い物のとき、店の人に自分の希望を伝えて、お願いしよう。

   店の人に自分の希望をやわらかく伝えるとき、どんな表現を使いますか。

   こんなときどうする？

5. いい買い物、失敗した買い物について周りの人と話して、次の買い物に生かそう。

   いい買い物、失敗した買い物の経験がありますか。そのときの気持ちを話すとき、どんな表現を使いますか。

   生かす：to leverage／活用／살리다／làm hồi sinh, phát huy, tận dụng

   伝えてみよう

1. レストランのお得な情報を手に入れて利用しよう。
>>> 飲食店のメニューの特徴を紹介するときに使われる表現

A. レストランの人がお店のメニューの特徴について話しています。

リポーター：こちらのお店はどんな点が特徴ですか。

店員：この店では季節のいちばんおいしい野菜や魚を使ったお料理をお出ししています。月曜日から金曜日までお得な日替わりメニューがあって、ご飯は無料でおかわりができます。麺類はプラス180円で大盛りにできますよ。

麺類：そば、うどんなど

特徴：feature characteristic／特征／특징／đặc trưng　　プラス：plus／添加／플러스(추가)／thêm

B. 何ができると言っていますか。a〜cから選んでください。

 ご飯が多いという方は、少なめにできますので、おっしゃってくださいね。

a.

b.

c.

C. このお店のメニューはどちらですか。

月曜日から金曜日まで、お得なランチセットがございます。メイン料理は曜日によって変わります。

a.

月	火	水	木	金
エビフライ	トンカツ	焼き魚	ハンバーグ	野菜炒め
天ぷら	コロッケ	からあげ	サバ味噌煮	トンカツ

b.

月	火	水	木	金
エビフライ	トンカツ	焼き魚	ハンバーグ	野菜炒め
エビフライ	トンカツ	焼き魚	ハンバーグ	野菜炒め

2. お薦めの店を友達に聞かれたよ。
教えてあげよう。
>>> お得な情報を勧めるときに使える表現

友達にお薦めの場所を聞かれました。

ねえ、ジョンさん、今度の連休、バイト先の友達と一緒に遊びに行くんだけど、どこかおもしろいところ、知らない？

おもしろいところ……。2人で？

ううん。6人くらいになりそうなんだ。

そっか。**それなら、わかば駅の近くにある「わかばボウル」なんかいいんじゃない？**

わかばボウル？

ボウリング場だよ。先月行ったんだけど、ボウリングだけじゃなくて、ビリヤードとかダーツとかもできて、いろいろ遊べるよ。

へえ。おもしろそうだね。

うん。ホームページにあるクーポンを使うと、少し安くなるよ。

へえ。

あ、連休だったら、混むかもしれないけど、予約できるから、しておくといいよ。インターネットで予約できるって書いてあったよ。

じゃ、ホームページ、見てみる。

第2課

 ジョンさんは本当によく知ってるね。どうしてそんなに知ってるの?

駅に置いてあるフリーペーパーをもらってよく見てるんだ。いろいろな情報が載ってて、それを見ると、簡単にいいお店が見つけられるよ。

ふーん。

もっと詳しいことが知りたいときは、インターネットでお店の情報を見るよ。お得な情報もチェックできるし。

そっか。今度、私もフリーペーパーを見てみる!ありがとう。

連休:休みの日が続くこと。また、その休日

ボウリング:bowling／保龄球运动／볼링／bowling　　ビリヤード:billiards／台球运动／당구／bida

ダーツ:darts／投镖游戏／다트／ném phi tiêu

フリーペーパー:free advertising paper／免费报纸／프리 페이퍼／báo phát miễn phí

載る:to list, publish／刊载／게재되다,실리다／được đăng lên　　詳しい:detailed／详细的／상세하다,자세하다／chi tiết

3. チラシや看板からお得な情報を手に入れて、上手に買い物をしよう。

>>> セールのチラシや看板でよく使われることば

① セールをしているのはどちらですか。

a.    b.

② どうしてセールをしていますか。

トイレットペーパーは一人いくつまで買えますか。

③ セールはいつですか。

どのくらい安いですか。

④ セールはいつですか。

今日、この店は何が10％オフですか。

⑤ 今しか食べられないのはどちらの味ですか。

本日に限り 店内全商品

10% OFF !

a.　　　　b.

第2課

4. 買い物のとき、店の人に自分の希望を伝えて、お願いしよう。
>>> 店の人にやわらかく希望を伝えるときに使える表現

 あのう、この洗濯機の配達をお願いしたいんですが。

はい。今からですと、配達はあさっての夕方になりますが。

あさっての夕方ですか……。5時からアルバイトなので、もう少し早く*届けてもらうことはできないでしょうか。
* 〜てもらえると助かるんですが

そうですか……。じゃ、午後3時ごろでどうでしょうか。

3時なら、大丈夫です。

かしこまりました。

 それから、できれば、今うちにある洗濯機を持っていってもらいたいんですが。

はい、わかりました。別に料金をいただくことになっていますが。

いくらくらいですか。

メーカーによって少し違いますが、3,000円くらいです。

じゃ、それで。よろしくお願いします。

5. いい買い物、失敗した買い物について周りの人と話して、次の買い物に生かそう。

>>> 経験したときの気持ちを伝える表現

この間、このかばんを買いました。安かったですが、値段のわりに、しっかりしていて使いやすいです。

冬物のバーゲンに行ってみました。いいコートを見つけて、試着したらサイズもちょうどよかったので、買いました。**思ったより安く買えて、よかったです。**また他の店のバーゲンにも行ってみるつもりです。

靴を買いに行ったとき、有名メーカーのスニーカーを安売りしていました。店員さんがいろいろ勧めるので、困ってしまいました。それで、ちゃんと試さないで、買いました。家へ帰って、はいてみたら、重くて歩きにくかったです。**やっぱり靴を買うときは、店ではいてみたほうがいいです。次は、失敗しないように、よく確かめてから買おうと思います。**

去年、私は買いたいシャツがありました。でも、そのときは高かったので、買いませんでした。お正月のバーゲンで安くなると聞いたので、そのときに買おうと思いました。でも、お正月のバーゲンが始まってすぐには行くことができませんでした。終わりごろに行ったら、ほしいシャツがなくなっていて、買えませんでした。とても残念でした。今年ももうすぐバーゲンが始まります。**今度こそ早く行こうと思っています。**

冬もの：冬の服、帽子など

勧める：to recommend ／ 劝诱,劝说 ／ 권하다,권유하다 ／ khuyến nghị

第2課

第3課 時間を生かす

時間を有効に使っていますか。

1. 時間の使い方についての記事を読んで考えてみよう。

   「時間を節約する」など、時間の使い方を表す言葉はいろいろあります。他にどんな言葉を知っていますか。

   見つけた！

2. 生活のリズムについて、周りの人の話を聞いて、自分の参考にしよう。

   生活のリズムをよくするために、何か気をつけていますか。
   生活のリズムをよくするための工夫について話すとき、どんな表現を使いますか。

   工夫-する：to devise an improvement, solution／设法, 找窍门／궁리하다／sắp xếp

   耳でキャッチ

3. 目標を実現するために、今、何をしている？周りの人と話そう。

   将来のためにしていることについて話すとき、どんな表現を使いますか。

   実現-する：to realize, actualize／实现／실현－하다／thực hiện, thi hành

   伝えてみよう

4. 日本での生活をもっと充実させたい！友達にいろいろ聞いてみよう。

   何かしたいことがあって、友達から情報をもらいたいとき、どんな表現を使いますか。

   充実-する：to enhance／充实／충실－하다／làm cho đầy đủ, làm cho trọn vẹn

   こんなときどうする？

1. 時間の使い方についての記事を読んで考えてみよう。

>>> 時間の使い方に関係があることば

A
料理の時間を節約！…①

探し物は時間の無駄です…②

「時は金なり」通勤の時間を有効に使おう！…③

①料理の時間を節約！

健康を考えて朝食をしっかり取りたいあなた。食事の準備をするとき、フライパンで焼けるものは全部一緒に焼いてしまいましょう。料理の時間も短くなるし、洗うときも楽です。

②探し物は時間の無駄です

物を探す時間って、もったいないですよね。探し物をしなければ、もっと他のことに時間が使えます。いつも使う物の場所を決めておくと、探すだけで時間を使ってしまうことがなくなります。使ったら元に戻すことを習慣にして、**時間を無駄にしない**ようにしましょう。

③「時は金なり」通勤の時間を有効に使おう！

日本人の電車通勤の時間は往復で平均58分、約1時間です。1年で約240時間にもなります。あなたはこの時間に何をしていますか。何もしないで電車に乗っているのは、**時間を浪費している**のと同じです。この通勤時間をキャリアアップのための勉強時間として**活用して**はどうでしょう。また、趣味のために使うのも、**通勤時間をうまく使う**ことにつながるでしょう。

往復-する：行って帰ってくる

通勤-する：to commute／通勤／통근(하다)／đi làm
楽(な)：easy／轻松(的)／편하다／thoải mái
元：original／原来的状态／원래 있던 곳／gốc
戻す：to return／恢复／되돌리다／trả về
平均-する：to take the average／平均／평균(하다)／tính bình quân

こんな表現もあります

・空いた時間を生かして、ボランティアを始めませんか。

2. 生活のリズムについて、周りの人の話を聞いて、自分の参考にしよう。

>>> 生活のリズムのためにしている工夫について話すときの表現

A. Cさんは友達が生活のリズムについて話しているのを聞いています。

A：あーあ、今日もまた寝坊して遅刻しちゃった。Bさんは寝坊しないよね。何か工夫しているの？

B：特別なことはしてないけど、目覚まし時計を布団から少し遠いところに置く**ように**しているよ。

C：手を伸ばしても届かない**ように**？

B：そうそう。アラームを止める**ために**、布団から出なきゃならないよね。そうする**と**起きられるよ。

伸ばす：to stretch／延长／(손을)뻗다／kéo dài　　アラーム：alarm／闹钟／알람／báo động

B. _____にどんな文が入りますか。

①朝早く起きる**ために**、_____います。

②_____ないで、できるだけ早くベッドに入る**ことにしています**。

③だらだら_____のをやめようと思って、タイマーをセットする**ことにしました**。

C. どんないいことがありますか。（　　）に入る文をa〜dから選んでください。

①朝ごはんをしっかり食べる**ことで**、（　　　）。

②夜寝るときに、カーテンを開け**ておく**と、（　　　）。

③食べたものを写真に撮ったり、寝た時間をメモしたりし**ておく**と、（　　　）。

④寝る前に、次の日に着る服を決め**ておく**と、（　　　）。

a．朝、時間がなくても**困り**ません。
b．一日を元気に始められます。
c．自分の生活を振り返るの**に役に立ち**ます。
d．朝日で目が覚めて、二度寝しにくくなります。

(目が)覚める：to wake up／唤醒,睡醒／(잠이)깨다,(눈이)뜨이다／thức dậy

二度寝-する：to fall back asleep／睡回笼觉／한번 깼다가 다시 잠／ngủ lại

第3課

3. 目標を実現するために、今、何をしている？
   周りの人と話そう。
   >>> 将来のことを考えて準備していることを伝える表現

私は、デザイナーになりたくて、日本で勉強しています。専門学校へ行く**ために**、今は日本語学校に通っ**ています**。アルバイトもしなければならないので、毎日とても忙しいです。でも、時間があるときは、デパートのショーウインドーを見たり、新しいファッション雑誌を見たりする**ようにしています**。今、どんな服が流行しているかすぐわかって、勉強になります。

私は将来、兄と一緒に国で車の販売や修理をする会社を作ろ**うと思っています**。兄は今、日本で車を修理する仕事をしていて、私は専門学校で経営を勉強しています。帰国してからのこと**を考えて**、日本にいるうちに経営についてできるだけたくさんのことを学**んでおこうと思います**。

私は、今、大学で観光について勉強しています。大学を卒業したら、日本の旅行会社で働き**たいと思っています**。そのために、休みには日本の有名な観光地へ行く**ことにしています**。そして、外国人から見た日本の観光についてノートを作っています。お金も時間もかかりますが、好きな旅行の仕事がしたいので、これからもいろいろなところへ行って**みるつもりです**。

ショーウインドー：display window／陈列橱窗／쇼윈도／cửa sổ trưng bày

4. 日本での生活をもっと充実させたい！
友達にいろいろ聞いてみよう。
>>> 自分がしたいことについて情報を友達にもらうときの表現

①ホームステイに興味があります。友達はしたことがあるようです。

エレナさん、去年ホームステイに参加した*って聞いたんだけど。
*〜って言ってたよね

うん。

どうだった？

初めて日本の家に泊まって、とっても楽しかった！ ホストファミリーともたくさん話せたし。

そうなんだ。私もしてみたいって思っているんだけど、*どうやって申し込んだらいいか教えてくれない？
*どうやって〜たらいいの？

ああ、ええとね、……。

第3課　23

②着物の着付けを習いたいと思っています。

エレナさん、どこか着物の着付けが習えるところ、知らない？

着付け？

うん。せっかく日本に来たことだし、着物が着られるようになったらいいなと思ってるんだ。

あっ、この間、さくらセンターの掲示板で着付け教室のお知らせを見たよ。

さくらセンター？　どこにあるの？

さくら駅の北口。駅から歩いて5分くらいだよ。

そうなんだ、知らなかった。エレナさんはさくらセンターによく行くの？

うん。空手教室のお知らせを見つけて習い始めたんだ。

へえ。すごいね。

いろいろな教室があって、どれも無料で参加できるみたいだよ。

そうなんだ。じゃ、行ってみようかな。ありがとう！

着付け：着物をきちんと着ること

こんな表現もあります
・どこで申し込みができるか教えてくれない？
・いつまでに参加費を払ったらいいの？

第4課 地域を知って生活する

いろいろな情報を手に入れて、快適な生活を送りましょう。

---

1. 施設を利用したいとき、どうしたらいい？

   施設に利用方法について問い合わせをしたことがありますか。利用方法について施設の人が話すとき、どんな言葉や表現が使われますか。

   耳でキャッチ

2. 困っていることを解決してもらえるようにアパートの管理人さんに頼もう。

   言い出しにくいことを話すとき、どんな表現を使いますか。

   こんなときどうする？

3. 地域にある施設の利用案内を読んでみよう。

   施設の利用案内（ホームページやパンフレット）では、どんな言葉がよく使われますか。

   見つけた！

4. 利用している施設を紹介しよう。

   地域の施設をよく利用していますか。利用している施設のよさについて話すとき、どんな表現を使いますか。

   伝えてみよう

5. 施設の場所がわからない……。職員さんが説明する行き方が聞き取れるかな。

   道案内で、どんな言葉がよく使われますか。

   耳でキャッチ

1. 施設を利用したいとき、どうしたらいい？
>>> 施設の利用方法の説明で使われることば・表現

A.

①図書館で貸し出しカードを作りたいです。図書館の人の話を聞いています。

職員：本を借りたい人は、貸し出しカードを作ることになっています。登録すれば、今日からすぐ借りることができます。
本日、身分証明書はお持ちですか。
では、こちらの申込書にお名前、ご住所などをご記入ください。

②バスケットボールがしたいです。体育館にコートの予約の電話をしています。

受付：これで予約を受け付けました。
使用料のお支払いは ｜ 当日で結構です。
　　　　　　　　　　｜ 当日でかまいません。
予約時間に遅れないように気を付けてください。

B. あなたは持っていますか。

印鑑（はんこ）　　　　　　　運転免許証

C. 線で結んでください。

①連絡先・　　　・その人自身（他の人ではない）
②本人・　　　　・電話番号、メールアドレス、住所など
③代表者・　　　・グループのリーダー

自身：one's self／自己,自身／자신／tự bản thân

26　第4課

2. 困っていることを解決してもらえるようにアパートの管理人さんに頼もう。

>>> 言い出しにくいことを言うときの表現

アパートの管理人さんに相談に行きました。

 こんにちは。

あ、ジョンさん、こんにちは。

あのう、ちょっとご相談したいことがあるんですが……。

どうしたんですか。

実は、隣の部屋のことなんですけど……。最近、ベランダから変なにおいがしてくるんです。

それは困りましたね。

昨日も洗濯物を干そうとしたら、においがちょっと……。ごみをベランダに置いているみたいなんです。

そうですか。

においが気になって、洗濯物を干したくても干せないんです。できたら、管理人さんから話していただきたいんですが……。

わかりました。じゃ、私から話してみますね。

すみません。よろしくお願いします。

ベランダ：veranda／阳台／베란다／ban công

気になる：to be interested in, preoccupied with (something)／担心,在意／신경 쓰이다／quan tâm

第4課

3. 地域にある施設の利用案内を読んでみよう。
>>> 施設の利用案内でよく見ることば

A. （　）には何が入りますか。

図書館が（　　　　　）時間

図書館が（　　　　　）時間

図書館が（　　　　　）の日

さくら図書館利用案内

開館時間：午前9：30
閉館時間：午後8：00
休館日：第1・第3月曜日
年末年始

B. 3人はさくら市民体育館が利用できますか。

さくら市民体育館　利用案内

■ご利用になれる方
さくら市在住、在学、在勤の方

 田中さん　　　山田さん　　　 エレナさん

田中さん：私はさくら市に住んでいます。

山田さん：私はさくら市にある大学に通っています。

エレナさん：私はわかば市に住んでいます。今、さくら市にある会社で働いています。

第4課

C. a、bどちらですか。

さくら市民プールご利用の方へ

個人利用

料金（2時間）一般（高校生以上）500円
子ども（小・中学生）300円

1階の受付で料金をお支払いの上、ご利用ください。

2時間を過ぎた場合：一般（高校生以上）30分200円
子ども（小・中学生）30分100円

団体利用（20名以上でご利用の場合）

ご利用の1か月前までに**利用者登録**をお願いします。

登録の手続きはこちらからお確かめください。

水泳教室（初心者の方）参加者募集

申し込み受付開始……4月10日（月）

定員（30名）になり次第、**受付終了**

一般：general, regular／一般, 普遍／일반 / thông thường
いっぱん

a. 1人、また
は少ない人
数で使う
b. 人数の多い
グループで
使う

申し込みや登録
などをするとき
にしなければな
らないこと。ま
た、その順番や
方法

a. 申し込みの受付が始まる
b. 申し込みの受付が終わる

第4課　29

4. 利用している施設を紹介しよう。
>>> 施設のよさについて紹介するときの表現

3人はどの施設を紹介していますか。a〜cから選んでください。

a. 図書館　　　　　b. 公民館　　　　　c. 運動公園

私の家の近くには大きい（①　　　）があります。ここは市民なら誰でも利用できるので、多くの人が来ています。テニスコート、野球場やジョギングコースなどがあります。私はそこでよくジョギングをしています。周りには木がたくさんあって、緑がきれいです。テニスをしたい人は使う前に予約が必要です。学生は安く利用することができます。1時間500円です。テニスのラケットは貸し出ししていないので、持って行ってください。

私は学校が終わったあと、近くの（②　　　）の自習室へ行って勉強しています。机と机の間に仕切りがあって、1人ずつ座れるようになっているので、集中して勉強ができます。この（②）では、本を借りるだけではなく、インターネットを利用したり、DVDを見たりすることもできます。1か月に1回、映画の上映もあります。無料でいろいろな映画が楽しめます。

私が住んでいる地域では、使われなくなった小学校を（③　　　　）として使っています。私はここで茶道を習っています。料理やパソコンなどのいろいろな教室があります。参加料は安いし、いろいろな人と友達になれます。ここの1階のロビーには教室に参加している人たちが描いた絵が飾ってあります。それを見るのも楽しいです。ロビーにはいすや自動販売機などが置いてあります。茶道教室のあと、私はここで他の参加者とおしゃべりをしています。

5. 施設の場所がわからない……。
職員さんが説明する行き方が聞き取れるかな。
>>> 道を案内するときに使うことば

A. 美術館に電話をかけて、行き方を聞いています。美術館はa～fのどこですか。

職員：はい、やなぎ美術館です。
A　：すみません。今やなぎ駅にいるんですが、そちらへの行き方を教えていただけませんか。
職員：はい。駅の北口に出ると、交番と銀行が見えます。その間の道をまっすぐ進んでください。交差点を渡って少し行くと、右に銀行があります。
A　：はい。
職員：その銀行の角を右に曲がると、左側に大きい公園が見えます。
A　：銀行のところを右ですね。
職員：はい、そうです。美術館は公園の先です。向かい側には図書館があります。
A　：はい、わかりました。ありがとうございました。

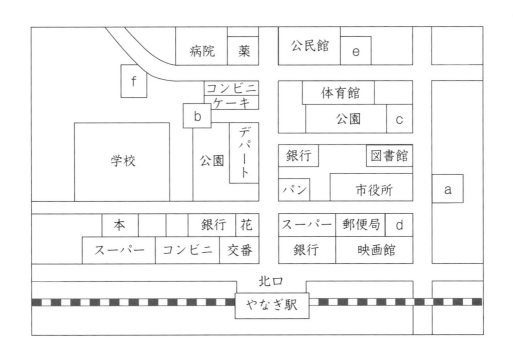

第4課 31

B. どこにありますか。

①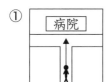
病院は突き当たりにあります。

②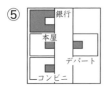
本屋はコンビニの先にあります。

③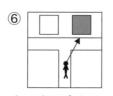
本屋はコンビニの手前にあります。

④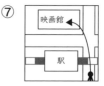
本屋はデパートの前／向かい(側)にあります。

⑤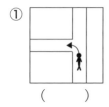
銀行はデパートの斜め前／斜め向かい(側)にあります。

⑥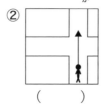
私の家は向かって右(側)の家です。

⑦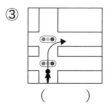
映画館は駅の向こう(側)にあります。

C. ①〜⑦の(　)にa〜gを書いてください。

①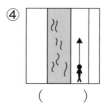
(　)

② (　)

③ (　)

④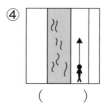
(　)

⑤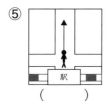
(　)

⑥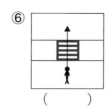
(　)

⑦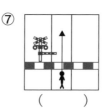
(　)

a. 交差点を渡る　　b. 2つ目の信号を右に曲がる

c. 角を曲がる　　d. 駅を背にしてまっすぐ進む　　e. 横断歩道を渡る

f. 踏切を渡る　　g. 川に沿って歩く

第5課 緊急事態!

日常生活の中で「緊急事態」が起きたとき、あなたはどうしますか。

1. 地震速報や台風情報から必要な情報をキャッチしよう。

    地震や台風のニュースなどの速報で使われる言葉を知っていますか。

    耳でキャッチ

2. 電車やバスが止まっていて、約束の時間に間に合わない!

    電話をして今の状況を説明しよう。

    約束があるとき、交通機関が止まって困ったことがありますか。その状況を説明するとき、どんな表現を使いますか。

    こんなときどうする?

3. 病院で上手に説明しよう。

    事故の状況やけがについて説明するとき、どんな言葉や表現を使いますか。

    こんなときどうする?

4. 避難するときどんなことに注意したらいい?

    避難訓練のお知らせや防災マニュアルを見たことがありますか。そこで使われる言葉や表現を知っていますか。

    見つけた!

5. 事故に遭ったときやけがをしたときのことを周りの人と話してみよう。

    けがをしたり急病になったりしたことがありますか。その経験をわかりやすく話すとき、どんな言葉や表現を使いますか。

    伝えてみよう

1. 地震速報や台風情報から必要な情報をキャッチしよう。

>>> 地震や台風などの速報でよく使われることば

A.
①

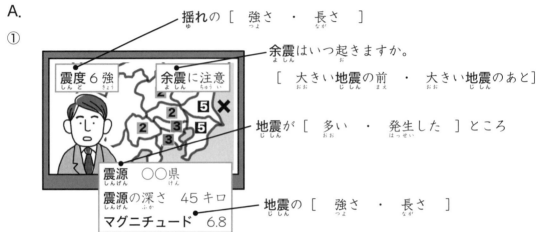

揺れの ［ 強さ ・ 長さ ］

余震はいつ起きますか。
［ 大きい地震の前 ・ 大きい地震のあと ］

地震が ［ 多い ・ 発生した ］ ところ

地震の ［ 強さ ・ 長さ ］

アナウンサー：この**地震**による津波の心配はありません。このあとも、**余震**が起きるかもしれません。先ほど、強い**揺れ**を感じた地域の方は、落ち着いて行動してください。……

(地震が)起きる：to occur／发生／(지진이)일어나다／xảy ra

②

注意報 ＜ 警報 ＜ 特別警報

アナウンサー：ここで**大雨**のニュースをお伝えします。**気象庁**は、8日午後1時26分、△□県全域に**大雨・洪水警報**、**強風注意報**を発表しました。**大雨**による**洪水**のおそれがあります。
　　　　　　……今、△市全域に**避難指示**が出ました。住民の方は今すぐ安全な場所に逃げてください。……

全域：whole area／整个地区／전역／toàn khu vực

③

アナウンサー：週末にかけて、台風5号が関東地方に上陸する見込みです。

気圧：air pressure／气压／기압／áp suất không khí　　上陸-する：to make landfall／登陆／상륙(하다)／đổ bộ

B. ①〜⑤の災害は何ですか。（　　）にa〜eを書いてください。

① (　　)　② (　　)　③ (　　)　④ (　　)　⑤ (　　)

　　　a. 台風　　b. 地震　　c. 洪水　　d. 津波　　e. 集中豪雨

C. 線で結んでください。

①（火災／事故…）が発生する　　　　　・　　　　・危険なことが起きるかもしれないので、気をつける。

②（大雪／台風…）に警戒する　　　　　・　　　　・安全なところへ逃げる。

③（気温／星…）を観測する　　　　　　・　　　　・災害や事故などが起きる。

④（高いところ／建物の中…）に避難する・　　　　・天候や星の様子など自然の中で起きていることを調べる。

第5課　35

2. 電車やバスが止まっていて、約束の時間に間に合わない！ 電話をして今の状況を説明しよう。
　　>>> 交通機関が止まっている状況を説明するときの表現

①会社に行く途中に電車が止まってしまいました。駅のホームでアナウンスを聞いて、先輩に電話をします。

 井上さん、おはようございます。エレナです。

おはようございます。エレナさん、どうしたんですか。

 今、会社に向かっているところなんですが、強風の影響で電車が止まってしまったんです。

えっ、そうなんですか。

はい。しばらく動かないとか言っていました。

そうですか。

 会議に遅れてしまいそうなので、タクシーで行こうと思うんですが……。

そうですか。では、先に始めていますね。気をつけて来てください。

申し訳ありません。よろしくお願いします。

ホーム：platform／站台／지하철 승강장／nhà

第5課

②アルバイトに向かっているとき、電車が止まってしまったので、店に電話をします。

アルバイトのジョンですが、鈴木店長、いらっしゃいますか。

あ、ジョンさん、鈴木です。どうしたんですか。

すみません。実は、事故で電車が途中で止まってしまって、たった今○○駅に着いたところなんです。

はい。

これから××線に乗り換えるので、あと20分くらいかかりそうなんです。それで、バイトの時間に間に合いそうにないんですが……。

そうですか。わかりました。

あのう、今日、私、トイレ掃除の当番なんですが、どうしたらいいでしょうか。

掃除は来てからで大丈夫ですよ。

すみません、できるだけ早く行きます。申し訳ありません。

はい。気をつけて来てください。

たった今：just now／刚才／방금／vừa mới

当番：being on duty／值班／당번／đang làm nhiệm vụ

第5課

3. 病院で上手に説明しよう。
　　>>> 事故の状況とけがの説明をするときのことば・表現

A. けがをして病院へ行きました。

 どうしましたか。

昨日、転んで、足首をひねってしまったようなんです。

痛みがありますか。

転んだときは、ちょっと痛いかなというくらいだったんです。でも、今朝起きたら、とても痛くて……。心配になって病院に来ました。

そうですか。ちょっと見せてください。

これはずいぶん腫れていますね。どこで転びましたか。

駅で人とぶつかって、転んでしまったんです。階段を下りて改札に行こうと曲がったところに、前から人が走ってきて……。*よけようとしたら、ほかの人にぶつかって、転んでしまったんです。

*〜（よ）うとしたとき、…

診察-する：to receive a medical examination／看病,检查(身体)／진찰(하다)／khám

腫れる：to swell, be inflamed／肿胀／붓다／sưng lên

第5課

B. けがをしたときや事故に遭ったときの状況を説明しています。①～⑥はどんな状況ですか。a～fから選んでください。

① (　　)　　② (　　)　　③ (　　)

④ (　　)　　⑤ (　　)　　⑥ (　　)

a. 車を運転しているとき、子どもが飛び出してきたので、急ブレーキをかけました。
b. 急いで歩いていたら、足首をひねってしまいました。
c. スマートフォンを見ながら歩いていたら、自転車にぶつかってしまいました。
d. 滑って転んで、お尻を打ってしまいました。
e. スピードを出した自転車が後ろから走ってきて、ぶつかりそうになりました。
f. 自転車に乗っているとき、前から来た車をよけようとしたら、転んでしまいました。

C. 薬局や診察室で病気やけがの状態を説明しています。①～③はa～cのどれですか。

① (　　)　　② (　　)　　③ (　　)

a. お湯が手にかかってやけどをしてしまいました。すぐに水で冷やしましたが、時間がたつにつれてどんどん痛くなってきました。ひりひりしています。
b. 昨日、料理をしていて、包丁で指を切ってしまったんです。まだずきずきしています。
c. 昨日からふらふらしていて、体に力が入らないんです。

4. 避難するときどんなことに注意したらいい？
>>> 災害時の避難に関係があることば・表現

防災についてのお知らせ

さくら市防災課

■災害への備え

1. 避難所の場所を確認しておきましょう。
   家族や会社の同僚などと災害時にどうするかについて、話し合っておきましょう。

2. 学校や会社の避難経路、非常口や消火器の場所を確認しておきましょう。

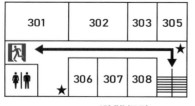
避難経路

非常口

消火器

3. 地域の避難訓練や防災訓練に参加しましょう。
4. 避難のときや避難所での生活に必要な物を準備しておきましょう。

非常食

防災：disaster prevention／防灾／방재／phòng chống thảm họa

備え：preparation／准备,防备／준비／chuẩn bị kỹ

同僚：coworker／同事／동료／đồng nghiệp

警察：police officer／警察／경찰／cảnh sát

■地震だ！　そのときどうする？
　地震が起きたときには、**慌てずに**、**落ち着いて**行動しましょう。

1. 地震が起きたらすること

身を守る／　　　逃げ道を確保する　　火の元を確認　　テレビ、ラジオ
安全を確保する　　　　　　　　　　する　　　　　　などで情報を集める

2. 避難のとき大切なこと

警察や消防署などの　　　近くにいる人と**助け合って**
指示に従う　　　　　　　行動する

落ちてくる物や、割れた　　塀の近くなど危険な場所**に**
ガラス**など**に気を付ける　　近づかない

塀：wall／围墙／담／hàng rào

第5課　41

5. 事故に遭ったときやけがをしたときのことを周りの人と話してみよう。
>>> けがや急病に関係があることば・表現

A.

4歳のとき、額をテーブルの角にぶつけて、切ってしまったことがあります。大好きなお菓子がテーブルの上にあるのを見つけて、取りに行こうとしていたそうです。そのとき、おもちゃにつまずいて顔からテーブルにぶつかってしまったんです。すごく血が出たので、母はとても驚いて、急いで僕を病院に連れて行きました。血だらけの顔で泣いているのに、お菓子は離さなかったそうです。僕はそのときのことは覚えていませんが、母がときどき笑いながら話してくれます。

額:forehead／额头／이마／trán　　離す:to separate／放开,放手／놓다／tách rời

B. どんな状況ですか。a～eから選んでください。

① (　　)　② (　　)　③ (　　)

④ (　　)　⑤ (　　)

a. 雪道を急いで歩いていたら、滑って転びました。
b. スマートフォンを見ながら歩いていたら、電柱に頭をぶつけました。
c. 道を歩いているとき、石につまずいて転んでしまいました。
d. たんすの引き出しに指を挟んでしまいました。
e. 急いで電車に乗ったとき、ドアに挟まってしまいました。

C. どんなけがをしましたか。a～hから選んでください。

① (　　)　② (　　)　③ (　　)　④ (　　)

a．ヒールの高い靴を履いて歩いていたら、足首をねんざしました。
b．やかんに触ってしまって、やけどをしました。
c．転んで骨折してしまいました。
d．バレーボールをしていて、突き指をしてしまいました。

⑤ (　　)　⑥ (　　)　⑦ (　　)　⑧ (　　)

e．ドアにぶつかって、額にけがをしました。
f．転んで、膝をすりむいてしまいました。
g．虫に刺されて、足が腫れました。
h．顔にボールが当たって、唇が切れて、血が出てしまいました。

D. こんなことがありますか。

3日間高熱が続きました。

めまいがして、立っていられませんでした。

寝違えたみたいで、朝起きたら、首が動かなくなっていました。

吐き気がして、食事ができませんでした。

寝違える：to sleep in an awkward position／(因睡姿不好)扭到脖子,睡落枕／잠을 잘못자다／ngủ sai tư thế

第5課

第6課 地図を広げる

ふるさとや住んだことがある場所の地理や気候に合わせた生活を紹介して、お互いの理解を深めましょう。

1. 地域の地形、気候について知ろう。
   地域の地形や様子、気候を説明するとき、どんな言葉や表現が使われますか。

   見つけた！

2. 気候に合わせた建物の工夫を知ろう。
   あなたの国、町の建物には、気候に合わせて、どんな工夫がしてありますか。気候に合わせた建物の工夫を説明するとき、どんな言葉や表現が使われますか。

   耳でキャッチ

3. 日本の気候が合わなくて体調を崩した友達にアドバイスしよう。
   体調が悪い人にアドバイスするとき、どんな表現を使いますか。

   こんなときどうする？

4. この町にはどんな特徴や歴史があるんだろう。
   町の特徴や歴史を説明するとき、どんな言葉や表現が使われますか。

   見つけた！

5. 町の行事、特産物などを紹介しよう。
   あなたの町には、どんな行事や特産物などがありますか。地形や気候を利用した行事や特産物などを紹介するとき、どんな表現を使いますか。

   伝えてみよう

1. 地域の地形、気候について知ろう。
>>> 地形や町の様子、気候を説明するときの表現

A.

〜新潟の地形と気候〜

新潟県は日本海に面していて、東京から北に約300キロのところに位置しています。信濃川と阿賀野川という二つの大きい川が日本海に流れ込み、県の中部から北部にかけて、越後平野が広がっています。越後平野には大小さまざまな潟（湖、沼）があります。越後平野は自然に恵まれていて、多くの植物や動物が見られます。冬には多くの白鳥がシベリアから飛んできて、そこで冬を過ごします。

新潟は東京より北に位置していますが、夏は気温が高く、東京とあまり変わりません。冬は北西から吹く季節風が日本海を通るとき温められて、湿った風になります。そして、水分が多い雲になって、この雲が雪を降らせます。山沿いでは大雪が降ります。

流れ込む：to flow into／流入，注入／흘러 들어가다／chảy vào
潟：lagoon／咸水湖,泄湖／개펄／đầm phá
沼：swamp, pond／池沼,沼泽／늪／đầm lầy
植物：plant／植物／식물／thực vật
湿る：to become damp, humid／湿润,潮湿／축축해지다,습기차다／ẩm
吹く：to blow／吹拂／불다／thổi

B. 町の様子を説明しています。a〜eから選んでください。

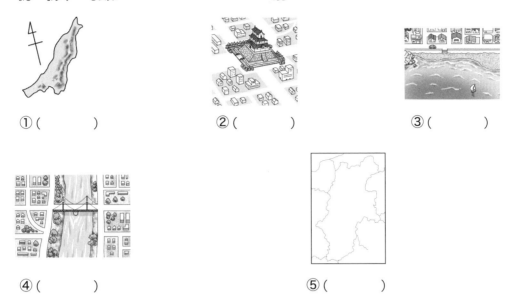

① (　　　)　　②(　　　)　　③(　　　)

④(　　　)　　⑤(　　　)

a. 町の中を川が流れています　　b. 町の中心にお城があります
c. 県の東側に山が連なっています　　d. ○○県は8つの県に接しています
e. ○○市は海に面しています

C. あなたの町の気候は？

温帯
例）東京、上海、ローマ

熱帯
例）バンコク、シンガポール、モンバサ

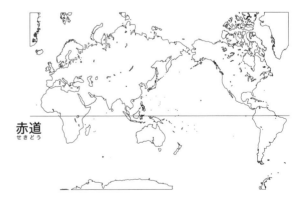

赤道

ほかにも「乾燥帯」「亜寒帯／冷帯」「寒帯」の地域があります。気候地図で見てみましょう。

第6課　47

D. 気温と降水量

東京（日本）の月平均気温と降水量

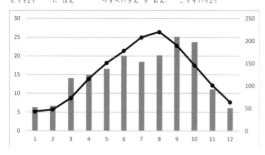

春、夏、秋、冬の四季の変化がはっきりしています。雨が多い時期は１年に２回あります。６月上旬から７月中旬（梅雨）と９月から１０月中旬（秋雨）です。

ジャカルタ（インドネシア）の月平均気温と降水量

インドネシアは赤道の下に位置していて、熱帯気候です。雨季と乾季の２つの季節があり、雨季は湿度が高い日が続きます。

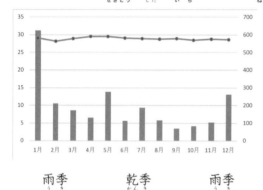

雨季　乾季　雨季

a. 空気中の水分が多い
b. 空気中の水分が少ない

中旬：mid-month／中旬／중순／trung tuần

E. 日本のいろいろな気候

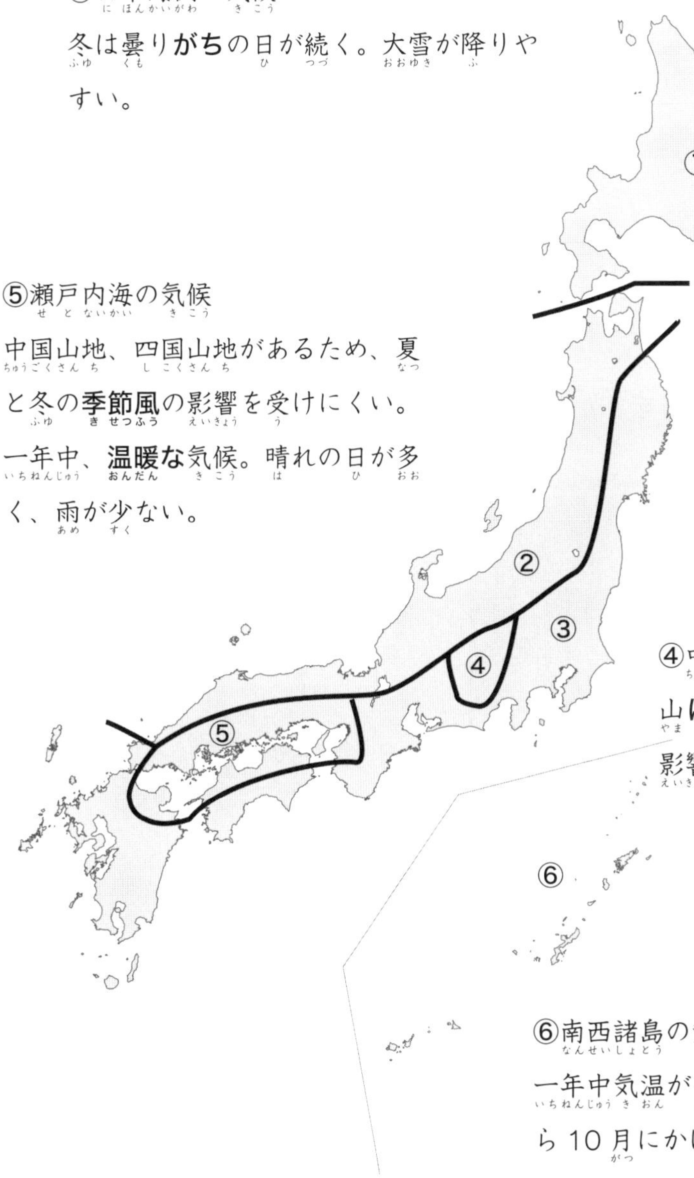

①北海道の気候

冬の寒さが厳しい寒冷な気候。梅雨はないと言われている。

②日本海側の気候

冬は曇りがちの日が続く。大雪が降りやすい。

⑤瀬戸内海の気候

中国山地、四国山地があるため、夏と冬の季節風の影響を受けにくい。一年中、温暖な気候。晴れの日が多く、雨が少ない。

③太平洋側の気候

夏は蒸し暑い日が多い。冬は北西からの水分の多い風が、高い山を越えるとき乾いた風となり、乾燥した日が続く。

④中央高地の気候

山に囲まれているので、季節風の影響を受けない。雨が少ない。

⑥南西諸島の気候

一年中気温が高くて、雨が多い。8月から10月にかけて台風が多い。亜熱帯気候とも言われている。

越える：to pass, exceed／越过，穿过／넘다／vượt quá

第6課　49

2. 気候に合わせた建物の工夫を知ろう。
>>> 工夫を加えて作られている建物について説明するときの
ことば・表現

A.

伝統的な沖縄の家は台風に備えて、家の周りを石の塀で囲んであります。現在の沖縄の家は鉄筋コンクリートでできている家が多いです。屋根は平らになっていて、瓦は使われていません。風に強いこの建物は沖縄のあちこちで見られます。

現在：今　　平ら(な)：flat／平坦／평평(한)／bằng phẳng

B. ①〜③にはどんな工夫がありますか。

① 　② 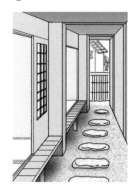　③

① 雪が多い地域では、雪がたくさん積もると、1階の入り口のドアが開けられなくなることがあります。出入りのことを考えて、2階にも入り口が作ってある家があります。

② 京都は夏とても暑いです。京都の昔の家には、風通しをよくするために、入り口から裏まで続く細長い土間が作られていました。

③ 寒い時期に水道管が凍らないように、水道管にヒーターがついている家もあります。

水道管：water pipe／水管／수도관／ống nước　　凍る：to freeze／結冰／얼다／đóng băng

ヒーター：heater／暖炉／히터／máy sưởi　　積もる：to pile up, accumulate／堆积起来／쌓이다／chất đống, tích tụ

風通し：ventilation／通风／통풍／sự thông gió　　土間：dirt / unfinished floor／土地房间／봉당／nền đất

C．何でできていますか。

①  この家の塀は石でできています。

②  この建物はレンガで作られています。

③ この家の屋根は金属でできています。

D．①〜④は何ですか。

① [床 ・ 天井]　　② [壁 ・ 柱]

③ [床 ・ 天井]　　④ [壁 ・ 柱]

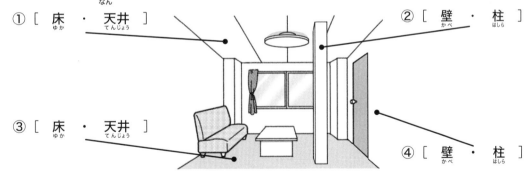

3. 日本の気候が合わなくて体調を崩した友達に
アドバイスしよう。
>>> 友達の体調に合わせてアドバイスするときの表現

A.

① 一日の気温の変化が大きい季節になりました。友達が元気がありません。

 どうしたの？ 元気ないね。

うん、なんだか体調がよくないんだ。

ああ、このごろ昼間は暖かいけど、夜は寒いからじゃない？

ああ、そうか……。

夜、帰りが遅くなる*ときには上着を持っていくといいよ。

*場合は

そうだね。そうする。

できる日本語 ことば・表現ワークブック 中級

解答

第1課

1. 定員：b 〆切：b 主催：a

問い合わせ：a 先着：a

窓口：a 持参：a

事前予約：b

3. B ①からっと ②ぽかぽか

③じめじめ

C ①いつもの年と同じくらいの気温

②最高気温が25度以上の日

③6月ごろの雨が多い期間。ま
たその期間に降る雨のこと

④最低気温が25度以上の夜

⑤晴れた、いい天気。何かをす
るのに、ちょうどよい天気

D ①a ②b ③c

E ①b ②a ③d ④c

4. A ①飽きっぽい

②負けず嫌い

③楽天的

④慎重

⑤怒りっぽい

⑥思いやりがある

B ①おとなしい

②責任感がある

③几帳面

④わがまま

⑤気が短い

⑥しっかりしています

⑦積極的

C ①b ②a ③c ④f

⑤d ⑥e

D ①c ②a ③d ④b

第2課

1. B：b C：b （aは「日によって」）

3. ①a

②〈解答例〉
お店ができて10年になるから

1人2つ（2袋）まで

③〈解答例〉
7月4日（金）、5日（土）、6日（日）

30％引き（夏物）

④〈解答例〉
今日だけ／全部の商品

⑤b

第3課

2. B （省略）

C ①b ②d ③c ④a

第4課

1. C ①連絡先：電話番号、メールア
ドレス、住所など

②本人：その人自身（他の人で
はない）

③代表者：グループのリーダー

3．A〈解答例〉

開館時間：開く

閉館時間：閉まる

休館日：休み

B　全員利用できる

C　個人利用：a

団体利用：b

受付開始：a

受付終了：b

4．①c　　②a　　③b

5．A　c

C　①c　　②a　　③b　　④g

⑤d　　⑥e　　⑦f

第5課

1．A　①震度：強さ

余震：大きい地震のあと

震源：発生した

マグニチュード：強さ

B　①b　　②c　　③d

④a　　⑤e

C　①災害や事故などが起きる。

②危険なことが起きるかもしれ

ないので、気をつける。

③天候や星の様子など自然の中

で起きていることを調べる。

④安全なところへ逃げる

3．B　①b　　②c　　③e

④f　　⑤a　　⑥d

C　①c　　②b　　③a

5．B　①c　　②e　　③a　　④b

⑤d

C　①c　　②a　　③d　　④b

⑤e　　⑥h　　⑦g　　⑧f

第6課

1．B　①c　　②b　　③e

④a　　⑤d

D　湿度が高い：a

2．D　①天井　　②柱

③床　　④壁

3．B　（省略）

4．C　①製造／生産　　②栽培／生産

D　①d　　②c　　③b　　④a

第7課

1．B　①そんなに広くなくて、

残念でした

②すいていました

③とてもよかったです

2．B　（省略）

3．C　①c　　②b　　③a

E　〈解答例〉すみません。

4．B　①触れて　　②実感しました

③充実した　　④視野

C 〈解答例〉
　①緊張しました／緊張した
　②話しかけて
　③出会う
　④驚きました／驚いた
D ①b　②c　③a

第8課

2. B ①この間
　②いつもと同じように
　③好きになる
　C ①c　②d　③b　④a

3. B ①のに
　②せいで
　③なんて

第9課

2. ①は、や、く　4、8、9、5
3. A（省略）
　B ①c　②a　③d　④b
　　⑤f　⑥g　⑦e
　C ①飲んでいます
　　②見ています
　　③笑っています
　　④食べています
4. B ①a　②b　③b　④a
　C ①b　②a　③c　④d
　　⑤f　⑥e

5. B ①b　②a　③c
C 〈解答例〉
　①フォーマルな
　②丁寧な
　③はっきり
　④子どもっぽい
　⑤表す
　⑥言い換える
　⑦使い分け
　⑧誤解を招く
　⑨たとえて
D 若者言葉

第10課

1. A 世界最古：古い
　　指定されています：決められ
　　ている
　B ①誇っています
　　②指定されています
　　③訪れています
2. B ①a　②c　③b
4. B ①d　②b
　C ①指定席　②自由席
5. B ①b　②a　③c

第11課

1. B ①を対象にして
　②によれば

③に対して

D ①18歳～24歳

　②につき

　③今まででいちばん多い

2. B ①～をいやだと思う

　②～がすきな

　③～がほしいと思って

　④～を重要だと考える

第12課

2. B ①体力が落ちる

　②体力が付いて

　③運動を心がける

3. B （省略）

C ①深い　②浅い

第13課

1. B ①熱中　②夢中

2. C ①c　②d　③e

　④a　⑤b

D ①飽きません

　②本当の家族って何だろう

　③ところがおもしろいと思いま

　した

5. B ①こんでいる

　②行われている

第14課

4. B ①感心しました

　②がっかりしました

C （省略）

D （省略）

第15課

2. ヤンさん：b

　田中さん：a

　チンさん：c

3. B ①もしかしたら

　②万一

　③ひょっとしたら

　④にしても

第16課

1. B ①規則のとおりにしなければな

　らない

　②規則を守らないで

2. B ①意見　②気持ち

　③見方　④ただ

3. B ①c　②a　③d　④b

　⑤h　⑥e　⑦f　⑧g

　⑨j　⑩l　⑪i　⑫k

第17課
だい か

2．B ①就職活動の際、自分がどうい
しゅうしょくかつどう さい じ ぶん

う人間かを他の人に伝えるため
にんげん ほか ひと つた

に自分について分析すること
じ ぶん ぶんせき

②その企業や学校に入りたいと
き ぎょう がっこう はい

思ったきっかけや理由
おも り ゆう

③企業が応募者を採用する意思
き ぎょう おう ぼ しゃ さいよう い し

があると伝えること
つた

4．A ①c　　②a　　③b　　④d

B ①a　　②b　　③b

5．B ① (1)c　　(2)a　　(3)b

② d

第18課
だい か

1．B ①d　　②a　　③b

④c　　⑤e

C を減らす：a,c
へ

を防ぐ：d
ふせ

を守る：e,f
まも

に取り組む：b,g,h
と く

2．B ①c　　②b　　③d　　④a

3．　①b,d　　②c　　③a

④h　　⑤f　　⑥g　　⑦e

4．B ①海　　②森　　③空
うみ もり そら

第19課
だい か

1．A ①a　　②b

B ①c　　②a　　③b

2．B ①c　　②a　　③b

4．B ①火力　　②水力　　③原子力
か りょく すいりょく げん し りょく

5．C ①c　　②b　　③e

④d　　⑤a

第20課
だい か

1．B （省略）
しょうりゃく

C （省略）
しょうりゃく

2．B ①d　　②a　　③b

④c　　⑤e

C ①社会保障　　②税金
しゃかい ほ しょう ぜいきん

③治安　　④所得
ち あん しょとく

⑤客観的、主観的　　⑥雇用
きゃっかんてき しゅかんてき こ よう

⑦数値化
すう ち か

3．B ①a　　②c　　③b　　④e,d

4．B ①c　　②b　　③a

C （省略）
しょうりゃく

5

②空気が乾燥する冬、友達がせきをしています。

 あれ？　風邪？　大丈夫？

うん、私の国と比べて、日本の冬は乾燥してるからかな……。このごろときどき、喉が痛くなったり、ちょっとせきが出たりするんだ。

 ああ、*それなら、夜、マスクをして寝るといいよ。あ、それから、せきが出るときにはお湯にはちみつとレモンを入れて飲む**といいんだって。

* だったら
** といいらしいよ

へえ、ありがとう。やってみる。

B. あなたの国ではどうですか。

A：私の国では、＿＿＿＿＿＿＿＿＿＿とき、＿＿＿＿＿＿＿＿＿＿といいって言われているんだ。

B：へえ、そうなんだ。

第6課　53

4. この町にはどんな特徴や歴史があるんだろう。
>>> 町の特徴や歴史を説明するときのことば・表現

A.

長崎

港町、長崎

日本は江戸時代（1603年～1868年）、外国との貿易が禁止されていましたが、長崎だけがオランダ、中国との貿易を許されていました。そのため、長崎は港町として発展しました。町には、大浦天主堂をはじめ、歴史的な建物が現在も多く残っています。有名な観光地が多く、一年を通して多くの観光客が訪れ、大勢の人でにぎわっています。

B.

青森県はリンゴ生産量日本一の県として知られています。一年間に約47万t（トン）生産されていて、全国の生産量の5割以上を占めています。

北海道は自然が豊かで、多くの国立公園があります。

大阪で1970年日本万国博覧会が開かれました。その博覧会を記念して、跡地に公園が作られました。

東京は日本の政治、経済の中心です。東京の銀座には伝統的な店も流行の店も多く集まっています。江戸時代（1603年～1868年）、銀貨を製造していたことから、銀座と呼ばれるようになりました。

山梨県は昔からブドウの栽培が盛んに行われ、明治時代（1868年～1912年）からワインが製造されています。

第6課

C. ＿＿＿の言葉と一緒に使えるものに○をつけてください。1つとは限りません。

① 自動車を ［ 栽培 ・ 製造 ・ 生産 ］ する。
② ジャガイモを ［ 栽培 ・ 製造 ・ 生産 ］ する。

D. ①〜④のような町を何と言いますか。a〜dから選んでください。

① 城を中心にできた町（　　　）
② 商品の売買が活発に行われて発展した町（　　　）
③ 船の出入りがある町で、交通や物産が集まる場所として発展した町（　　　）
④ 計画的に大学や研究所を集めてつくられた町。大都市の郊外にあることが多い。（　　　）

郊外：都市の中心から離れたところ

a．学園都市　　b．港町　　c．商業都市　　d．城下町

E. あなたの町にはどんな産業がありますか。

漁業

工業

農業

許す：to forgive, permit／允许,容许／허가하다／cho phép
銀貨：silver coin／银币／은화／tiền xu
国立：national／国立／국립／công lập
万国博覧会：world exposition／万国博览会／만국 박람회／triển lãm thế giới
跡地：ruins, former site／旧址,拆除建筑物等后的空地／철거지／khu đất

5. 町の行事、特産物などを紹介しよう。
>>> 地形や気候を利用した行事や、特産物などについて説明するときの表現

北海道は、冬、寒くて雪が多いところです。札幌では、その雪を利用して、毎年2月初めに「さっぽろ雪まつり」が行われます。大通公園をはじめ、いくつかの会場で雪で作られた像を見ることができます。雪まつりは、雪捨て場に捨てられている雪で中高生が雪像を作ったのが始まりです。今では冬の北海道を代表するイベントとして知られています。

愛媛県といえば、ミカンの生産が盛んなことで有名です。愛媛県は瀬戸内海に面していて、温暖で晴れの日が多いです。その気候を生かして、ミカンが栽培されています。ミカン畑は山の斜面を利用して、作られています。毎年11月ごろになると、ミカン狩りが楽しめます。

私のふるさとは岩手県の山田町です。太平洋に面した山田町は自然に恵まれたところです。波の静かな山田湾を利用して、カキの養殖が盛んです。秋から次の年の春にかけて、おいしいカキが味わえます。山田湾のカキは2011年の東日本大震災で大きな被害を受けましたが、今では生産量が戻ってきています。

いくつか：several／几个,一些／몇 개／một số　　像：statue／像／조각상／tượng

畑：farm field／旱田,田地／밭／ruộng　　～狩り（ミカン狩り）：picking／收获,采摘／～따기／hái ～

波：wave／波浪／파도／sóng　　湾：bay／海湾／만／vịnh

養殖-する：to culture, cultivate／养殖／양식(하다)／nuôi trồng

第6課

第 7 課　世代を超えた交流
　　　　　　　　せだい　こ　　こうりゅう

いろいろな人と交流してみましょう。新しい世界が待っています！

1. ボランティアやサークルなどの活動に参加した人の感想を読んでみよう。

    今までに活動に参加してみて、予想と違ったことがありますか。参加する前に思っていたことと実際に参加してから感じたことを話すとき、どんな表現が使われますか。

見つけた!

2. 相手のことを考えながら、自分の興味があるイベントに誘おう。

    相手の都合や好みを考えて、丁寧に誘うとき、どんな表現を使いますか。

こんなときどうする?

3. 自分や相手をどう呼んだらいいかな。

    自分や相手を呼ぶとき、どんな言葉が使われますか。

耳でキャッチ

4. 交流の体験を周りの人と話そう。

    交流の体験を話すとき、どんな言葉や表現を使いますか。

伝えてみよう

1. ボランティアやサークルなどの活動に参加した人の感想を読んでみよう。

>>> 活動に参加する前とあとでの気持ちの変化を表すときの表現

A.

散歩の会に参加して

メアリー　ジョーンズ（留学生）

友達に誘われて、散歩の会に参加しました。参加者は年配の方が多いのかなと思っていましたが、行って**みたところ、**思ったより若い人が多くて驚き**ました**。みんなとすぐに仲良くなって、おしゃべりしながら散歩を楽しみました。初めは散歩と聞いて、歩くだけかと思っていました。**ところが、**参加者の中に町に詳しい方がいらっしゃって、町の歴史などをいろいろ教えていただくことができました。ゆっくり歩くと、いつもは気がつかない草花や小さなお店などを見つけることができて楽しかったです。またぜひ参加してみたいです。

草花：flowering plant／草本花／들꽃／hoa cỏ　　　見つける：to find／看到, 发现／발견하다／tìm thấy

B. どちらがいいですか。

① この前、区民センターのダンスの練習室を利用しました。予約するとき、ホームページの写真を見て広くていいなと思いました。**ところが、**行ってみると（　　　）。

　[　そんなに広くなくて、残念でした　・　広くて、とてもよかったです　]

② 日曜日なのでもっと混んでいると思っていましたが、会場は**意外と**（　　　）。

　[　混んでいました　・　すいていました　]

③ インターネットで評判のいい○○ホテルに泊まりました。

　スタッフの**対応**は**期待通り**（　　　）。

　[　とてもよかったです　・　あまりよくなかったです　]

対応-する：to respond／接待, 应接／대응(하다)／tiếp đón

2. 相手のことを考えながら、自分の興味がある
イベントに誘おう。
>>> 相手の都合や好みを考えて丁寧に誘うときの表現

A.
①ボランティアとして参加するジャズフェスティバルに知り合いを誘います。

あのう、山本さんはジャズって興味がありますか。

はい。ときどき聞きます。

あ、そうですか。あのう、来週末、もみじ商店街のイベントでジャズフェスティバルがあるんです。

へえ。ジャズフェスティバル……。

ええ。実は、私、今、そのボランティアをしているんです。

わあ、すごいですねえ。

今年のプログラムはすごくいいので、できるだけ多くの人に来てもらいたいなって思ってるんです。音楽を聞きながら、外で軽い食事もできますよ。

へえ。楽しそうですね。

もしよかったら、来ませんか。

ええ、ありがとう。ぜひ行ってみたいです。

フェスティバル：祭り

第7課　59

②アルバイトをしている店がタイを紹介するイベントに出店するので、知り合いを誘います。

あのう、アリさんはタイ料理って好きですか。

はい。好きですよ。おいしいですよね。

今、タイ料理のレストランでアルバイトをしているんですが、来月、わかば公園であるタイフェスティバルにこの店も参加するんです。

へえ。

今年初めてタイフェスティバルに出るんです。店長が日本の人にもっとタイ料理を知ってもらいたいと言っていて……。

ふーん。いろいろなタイ料理があるんですか。

ええ。*もし都合がよければ、アリさんにも来てもらえないかなと思って、声をかけてみたんです。

*もしお時間があったら

へえ、おもしろそうですね。ありがとう。食べに行ってみます。

B. 誘いましょう。

A：あのう、Bさんは＿＿＿＿＿＿＿＿＿＿って＿＿＿＿＿ことがありますか。

B：いいえ。

A：そうですか。再来週、友達と一緒に＿＿＿＿＿＿＿＿＿（よ）うと思うんですけど、Bさんも興味があったら、一緒にどうかなと思って……。

B：いいですね。

3. 自分や相手をどう呼んだらいいかな。
>>> 自分や相手を呼ぶときのことば

A. 交流会でいろいろな世代の人が出会いました。

A：松本隆志、72歳。よろしく頼むよ。

B：僕は山下って言います。どうぞよろしくお願いします。高校2年っす。

A：おー、君は高校生？　うれしいな。若い人が参加してくれて。

C：私は大木と申します。えっと、いやだわ、私ったら。さっき名前をお聞きしたのに、もう忘れちゃって。やあね、物覚えが悪くって。えっと…あなた、お名前は……。

D：ジョンです。

C：ジョンさんはずいぶん日本語がお上手なのね。もう日本は長いの？

D：えー、7か月くらいです。

C：あらまあ。すごいわね。この子は私の孫で、みくです。

D：みくちゃん、こんにちは。何歳ですか。

E：……。

C：みくちゃん、お兄ちゃんにお返事して。

B. 自分のことを何と呼びますか。

僕は福岡の出身です。

あたしはオレンジジュースが好き。

俺、今度、留学するんだ。

C. この男の人は①〜③の人と話すとき自分のことを何と呼びますか。a〜cから選んでください。答えは1つとは限りません。

①仕事で上司に　（　　）
②うちで奥さんに（　　）
③自分の子どもに（　　）

a．お父さん　　b．僕　　c．私

上司：superior／上司／상사／cấp trên

D. 2人の子どもが話しています。友達のことを何と呼んでいますか。

はなちゃん。　　　なあに、ゆうた君。

E. 前を歩いている人が物を落としました。何と言って声をかけますか。

4. 交流の体験を周りの人と話そう。
>>> 交流の体験を述べるときに使うことば・表現

A.

私は先週初めて日本のお祭りに参加して、おみこしを担ぎました。最初は知らない人ばかりだったので、とても**緊張しました**が、みんなでおみこしを担いで町を回っていると、緊張も消えていきました。おみこしはとても重くて、担いでいるうちに、肩が痛くなりました。でも、道で小さい子どもたちやお年寄りが応援してくれたので、うれしくて頑張ろうと思いました。

神社に戻ったら、道で応援してくれた人たちがいて「お疲れ様！」と声を掛けてくれました。神社では町の皆さんと一緒にビールで乾杯しました。おにぎりを食べたり、話したり、子どもたちと遊んだりしました。いろいろな人**と知り合う**ことができて、本当に**貴重な**経験になったと思います。

私はこのお祭りに参加して、町の人達と交流する楽しさを**実感しました**。これからもいろいろな行事に参加したいと思っています。

みこし：portable shrine／神輿(供有神牌位的轿子)／일본의 제례(祭禮) 혹은 마쓰리에 쓰이는 신체(神體)나 신위(神位)를 실은 가마.／kiệu

担ぐ：to carry on one's shoulders／担,扛／메다／khiêng

B. どんな経験をしましたか。どちらがいいですか。

① 週末、茶道教室に参加しました。日本の文化に [触れて ・ 体験して]、貴重な時間を過ごすことができました。

② 夏休みに農業体験をしました。朝早く起きて野菜を採ったり、重い荷物を運んだりして、農作業の大変さを [感動しました ・ 実感しました]。

③ ホームステイでは [充実した ・ 重大な] 時間を過ごすことができました。

④ いろいろな人の話を聞いて、[視野 ・ 景色] が広がったと思います。

採る：to pick／采集／따다／hái　　作業-する：to work／工作,操作／작업(하다)／làm việc

C．どんな経験をしましたか。 ▦▦▦▦ から選んで、適当な形で書いてください。

出会う	緊張する	驚く	話しかける
で あ	きんちょう	おどろ	はな

① みんなの前に出て発表したとき、とても（　　　　　　　　　　　）。

② 交流会で一人の大学生が私に（　　　　　　　　　　）くれた。

③ 日本に留学して、さまざまな国の人と（　　　　　　　　　　　）ことができた。

④ 日本では卵を生で食べると知って、（　　　　　　　　　　）。

D．①～③はどんな経験ですか。 ＿＿＿＿ の意味をa～cから選んでください。

① 交流会で聞いた話は初めてのことばかりで、とても新鮮だった。（　　　）

② 川の掃除のボランティアに参加して、ゴミや自然などについて自分の考えを見つめ直す

　ことができた。（　　　）

③ スポーツイベントに参加して、サッカーが好きな佐藤さんと知り合った。（　　　　）

a．お互いに相手のことを知る

b．今までに経験したことがなくて新しさが感じられる

c．今まで自分がやってきたことや考えなどを思い出してよく考える

第8課 気持ちを伝える

周りの人と気持ちよくコミュニケーションを取るために上手に気持ちを伝えましょう。

1. 理由を話して、目上の人に丁寧に許可を求めよう。

    目上の人に丁寧に許可を求めるとき、どんな表現を使いますか。

    こんなときどうする？

2. 感謝やお祝いの伝え方についての記事を読もう。

    感謝やお祝いの気持ちを伝えるメッセージを書くとき、よく使う表現を知っていますか。

    見つけた！

3. 愚痴を言いたい人の気持ちを理解しながら話を聞こう。

    愚痴を言うとき、どんな表現が使われますか。

    理解-する：to understand／理解／이해-하다／hiểu, lĩnh hội

    耳でキャッチ

4. 励ましのメールを読もう。

    励ましのメールでは、どんな表現が使われますか。

    励まし：encouragement／鼓励／격려／sự khuyến khích, sự khích lệ

    こんなときどうする？

5. 気持ちの伝え方について、意見を交換しよう。

    自分の考えを理由と一緒に言うとき、どんな表現を使いますか。

    伝えてみよう

1. 理由を話して、目上の人に丁寧に許可を求めよう。
>>> 目上の人に丁寧に許可を求めるときに使う表現

①自分の都合で急にアルバイトを休まなければならなくなりました。

店長、*今、お話ししてもいいですか。
*今、よろしいですか。

あ、いいよ。どうしたの？

あのう、来週のシフトのことなんですが……。

うん。

急で申し訳ありませんが、来週、アルバイトを休ませていただけませんか。

えっ？　来週は人が足りなくて大変なんだよ。他の週じゃだめ？

実はクラスメイトと一緒に発表するレポートがまだできていないんです。来週、発表しなければならないものですから。

えっ、それは大変だね……。困ったな。えっと、どのくらい休みたいの？

すみません。できれば水曜日と木曜日の2日間休ませていただきたいんですが……。金曜日が提出日なので……。

そういうことなら、しょうがないね。水と木だね。わかった。

ありがとうございます。ご迷惑をおかけしてすみません。

じゃ、レポート、しっかり頑張って。

しょうがない：仕方がない

だめ(な)：unacceptable, no good／无用(的),白费(的)／안 되다(안 되는)／không được

提出-する：to submit／提交／제출(하다)／nộp

②学校のロビーにポスターを貼りたいので学生課に許可をもらいに行きました。

 あのう、すみません。

はい、何ですか。

 ロビーにイベントのポスターを貼ら**せていただけ**ないでしょうか。

どんなイベントですか。

 国を紹介するイベントで、来月、中央公園であるんです。今、それを手伝っていて、この学校の人たちにもたくさん来てほしいと思っているんです。

そうですか。わかりました。じゃ、ポスターを持って来てください。

ありがとうございます。

第8課 67

2. 感謝やお祝いの伝え方についての記事を読もう。
>>> 気持ちを伝える挨拶表現

A.

カードや一筆箋を活用しよう！

ちょっとしたメッセージを伝えるのに、カードや一筆箋はとても便利。でも「どんなときに使えばいいの？」とか、「どんなふうに書けばいいの？」など、わからないこともありますね。そこで、いくつかご紹介します。
みなさんも気軽に書いてみましょう。

●仕事などでお世話になった人に、ちょっとしたお礼の気持ちを伝えたいとき

> マリさん、この間はありがとうございました。
>
> いろいろアドバイスしてくださったおかげで、プレゼンがうまくいきました。
>
> これは、先日行った美術館の売店で見つけたものです。
>
> 気に入っていただけるとうれしいです。これからもよろしくお願いします！
>
> リサ

ちょっとした：a little, trifling／一点点／대수롭지 않은, 상당한／một chút

プレゼン(＝プレゼンテーション)：presentation／发表(即英语presentation的缩略)／프레젠테이션／thuyết trình

B. ＿＿＿はどちらの意味ですか。
① 先日はお世話になりました。[昨日 ・ この間]
② 私は相変わらず元気です。[いつもと同じように ・ いつもと変わって]
③ 気に入ってもらえるとうれしいです。[好きになる ・ 心配する]

第8課

C．①〜④には、a〜dのどの挨拶表現を使いますか。

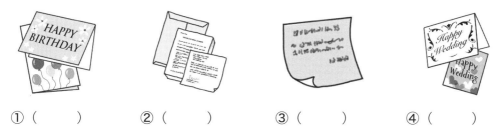

① (　　)　　② (　　)　　③ (　　)　　④ (　　)

a．ご結婚おめでとうございます。いつまでもお幸せに。
b．本田先生、３年前に卒業したイリアです。お久しぶりです！　久しぶりに学校へ来ましたが、先生にお会いできなくて残念でした。
c．お誕生日おめでとう。素敵な１年になるといいね。
d．いつもお世話になっております。先日お話ししていた資料をお送りします。

3. 愚痴を言いたい人の気持ちを理解しながら話を聞こう。
>>> 愚痴を言うときの表現

A. 友達の話を聞いています。友達はルームメイトに不満があるようです。

A：ねえ、聞いてよ。

B：何かあった？

A：最近ルームメイトが全然ご飯を作ってくれなくて。初めは、交替で作ろうって言ってたんだけど、最近、今日は遅くなるとか、疲れたとか言って、私ばっかり作ってるんだ。もう、やんなっちゃう。

B：そうなんだ。

A：しかも、彼女は作らない**くせに**、私が作った料理について、いろいろ言うんだよ。肉が食べたいとか、味が好みじゃないとか。

B：へえ、そうなんだ。大変だね。

不満(な)：unsatisfactory／不満意(的),不满足(的)／불만(인)／không hài lòng

交替-する：to alternate／轮换／교대(하다),번갈아 가며 하다／thay phiên

B. 友達が愚痴を言っています。　　　から選んで（　　　）に書いてください。

① ライブの時間に間に合わなかった。せっかくチケット買った（　　　）…もう！全然仕事が終わらない。やってらんない！

② 昨日は、デパートのセールに行く予定だったのに、パソコンの調子が悪かった（　　　）、レポートが終わらなくて行けなかったんだ。

③ 年末で仕事が忙しいときに、旅行に行く（　　　）、信じられない！

　　なんて　　のに　　せいで

こんな表現もあります。

・A：もう頭に来る！
　　　課長、自分では使えない**くせに**、このソフトを使ったほうが早いって言ってきた。

　B：だったら、自分でやればいいのに。

・なんで手伝ってくれないんだろう。まったく！

4. 励ましのメールを読もう。
>>> 友達を慰めるときの表現

①仕事でミスをして、お客さんに怒られました。家に帰っているとき、先輩からメールが来ました。

今日は大変だったね。でも、間違いは誰にでもあることだしね。同じミスをしないように気をつけたら大丈夫！　あんまり
＊気にしちゃダメだよ。元気、出してね。

＊気にすることはないと思うよ。

②アルバイトでお皿を割ってしまいました。家に帰っているとき、一緒に働いている友達からメールが来ました。

大丈夫？　お皿を落とすなんて、よくあることだし、気にするなよ。店長もお皿のことは何も言ってなかっただろ？　お前のこと、心配してたよ。元気、出せよ。

お前：you (casual)／你(第二人称,多为男性对与自己同等或较低身份的人使用)／너／mày

ミス-する：to make a mistake／犯错／실수(하다)／bỏ lỡ

第8課

5. 気持ちの伝え方について、意見を交換しよう。
>>> 自分の考えを理由と一緒に言うときに使う表現

①身近な人に感謝の気持ちを伝えたいとき

私は家族に感謝の気持ちを伝えたいとき、一緒にご飯を食べに行って、みんなが好きなものをごちそうします。一緒に料理を食べながら、最近何をしているか、どんなことがあったかなど**普通**のおしゃべりをします。感謝の気持ちを特に言葉で言ったりはしません。感謝の言葉を言わなくても私の気持ちは伝わっていると思う**からです**。感謝している人のことをいつも忘れないでいることが大切**だと思います**。

②友達に謝罪の気持ちを伝えたいとき

私は友達とけんかして自分が悪かったと思ったときは、会って直接謝った**ほうがいいと思います**。**というのは**、顔を見て謝ったほうが、自分の気持ちが相手によく伝わると思う**からです**。**確かに**、会って謝ることはとても緊張するし、恥ずかしさもあります。**でも**、メールや手紙などで伝えた**場合には**、私のメッセージが間違って相手に伝わってしまうかもしれません。だから、本当に自分の気持ちを伝えたいと思う**なら**、ちゃんと顔を見て謝るのがいいと思います。

普通：特別ではない。珍しくない

ごちそう-する：to treat to a meal／请客吃饭, 款待／한턱내다, 밥을 사다／đãi

謝罪-する, 謝る：to apologize／谢罪, 道歉／사죄(하다) 사과하다／xin lỗi

第9課 ことばを楽しむ

日本語のさまざまな表現や音を楽しみましょう。

1. 作品の感想を読んでみよう。

   詩や歌詞などの作品の感想を言うとき、どんな表現が使われますか。

   見つけた!

2. 語呂合わせっておもしろいね！

   友達が理解しているかどうか確認しながら説明するとき、どんな表現を使いますか。

   語呂合わせ：japanese wordplay／谐音俏皮话／말장난／sự chơi chữ

   耳でキャッチ

3. 気持ちや様子をうまく伝えたい！

   気持ちを表すとき、どんな擬音語や擬態語を使いますか。

   こんなときどうする？

4. 外国語で話したときの経験を周りの人と話そう。

   外国語を使ったときの楽しさや難しさを伝えるとき、どんな言葉を使いますか。

   伝えてみよう

5. 言葉の使い方についての説明を聞いてみよう。

   生活の中で疑問に思った日本語について、誰かに質問したことがありますか。言葉の使い方についての説明で、どんな言葉が使われますか。

   耳でキャッチ

1. 作品の感想を読んでみよう。
>>> 作品の感想を述べるときの表現

雑誌に詩や歌などについての感想が書いてありました。

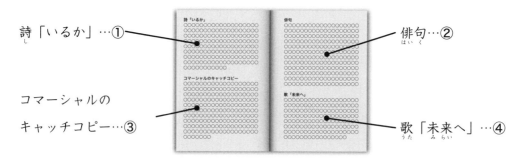

詩「いるか」…①
コマーシャルの
キャッチコピー…③
俳句…②
歌「未来へ」…④

①
私は谷川俊太郎さんの詩が好きです。中でも、「いるか」という詩が印象に残っています。「いるかいるか　いないかいるか」というところが「いるか」に２つの意味があっておもしろいと思いました。声を出して読めば、言葉のリズムも楽しめる作品です。

②
俳句はたった17音の短い詩ですが、さまざまなイメージを表現できることに驚きました。「古池や　蛙飛び込む　水の音」という有名な俳句は、カエルが池に飛び込んだときの水の音で、辺りの静かさを表しているそうです。静かな庭の状況が私の心に浮かんでくるように感じました。

③
コマーシャルのキャッチコピーの中には、**印象的で一度聞いたら忘れられない**ものがあります。「あなたと、コンビに、ファミリーマート」というコンビニのキャッチコピーは、「コンビニ」と「コンビに」をかけているところがおもしろいです。

④
「未来へ」という曲を初めて聞いたとき、とても**感動しました**。歌詞もメロディーも素晴らしいと思います。特に、「ほら　前を見てごらん　あれがあなたの未来」という言葉が**心に残っています**。この曲を聞いたときは気持ちが落ち込んでいたのですが、この曲に**励まされて**、また前に進もうと思うことができました。

第9課

こんな表現もあります

・ この詩の作者が24歳で亡くなっていることにショックを受けました。

・ 初めてこの歌を聞いたときの感動は今でも忘れられません。

・ 私がこの詩に出合ったのは、ふるさとを離れて暮らしはじめたときでした。ふるさとの風景を思い出し、涙が出ました。この詩は私にとって忘れがたいものです。

コマーシャル：commercial／广告／방송 광고 ,선전／quảng cáo

キャッチコピー：catch-phrase／引人注意的文句,宣传语／캐치프레이즈 ,선전 문구／tiêu đề quảng cáo

カエル：frog／青蛙／개구리／con ếch　　飛び込む：to leap／跳入／뛰어들다／nhảy vào

歌詞：song lyrics／歌词／가사／lời bài hát　　メロディー：melody／旋律／멜로디／giai điệu

コンビ：duo／搭档,组合／콤비／tổ hợp　　かける(AとBをかける)：to multiply／乘以,相乘／곱하다／nhân

離れる：to leave／相隔,离开／떨어지다 ,멀어지다／bị tách rời

2. 語呂合わせっておもしろいね！
>>> 理解を確認しながら、友達に説明するときに使う表現

①友達とテレビのコマーシャルを見ています。＿＿＿にひらがなや数字を書いてください。

今日は自転車を今までにない価格でご紹介しましょう。奥様のお買い物にも、お子様の通学にも便利なこちらの自転車がなんと5,000円。先着100台の限定販売です。ご注文はこちら！ 889-4895、早く予約GOまでお電話ください。

A：えっ？「早く予約GO」って何？ どういうこと？

B：ああ、電話番号のことだよ。

A：この電話番号に電話すると、早く予約ができるってこと？

B：違う違う。そうじゃなくて、電話番号を覚えやすく言っているだけだよ。

A：へえ、そうなんだ。

B：電話番号が889だから、「はち」「やっつ」「く」って読めるでしょう？
  つまり、初めの文字だけ読むと＿＿＿、＿＿＿、＿＿＿になるんだよ。

A：ふーん。じゃ、「予約GO」は「よ・や・く・ご」だから……。
  ＿＿＿、＿＿＿、＿＿＿、＿＿＿？

B：そうそう！ その通り！ 覚えやすいでしょう？

A：へえ。おもしろいね。

②友達が語呂合わせについて話しています。

A：ねえ、11月1日は何の日か知っている？

B：え、知らない。何の日？

A：犬の日。ほら、犬はワンワンワンって吠えるでしょう？ だから、11月1日っていうわけ。

B：ん？

A：1は英語で何？

B：あ〜！

3. 気持ちや様子をうまく伝えたい！
>>> 気持ちを表す擬音語・擬態語

A．こんな表現を見たことがありますか。どんな様子、気持ちを表していると思いますか。

① 　② 　③

B．①〜⑦の人はどんな様子、気持ちですか。a〜gから選んでください。

① 　② 　③ 　④

①（　　）　②（　　）　③（　　）　④（　　）

a. 週末、ずっと行きたかった遊園地に行く。今から**わくわくしている**。
b. 疲れていたので、電車に乗ったらすぐ寝てしまった。車内アナウンスで**はっと**目を覚ました。
c. スピーチ大会で自分の出番を待っているとき、**どきどきした**。
d. 遅刻しそうなのに、事故で電車がなかなか来なくて**いらいらした**。

覚ます：to awaken／唤醒,睡醒／잠을 깨다／thức giấc　　出番：one's turn／出場的次序／나갈 차례／lượt

第9課　77

⑤（　　）　　⑥（　　）　　⑦（　　）

e. サーカスを見に行った。綱渡りのとき、渡っている人が落ちないかと思って**はらはらした**。

f. 先日アルバイトの面接に行った。質問にうまく答えられなかったので、自分では採用されないと思っていた。でも、今朝、採用するとの連絡があって、**ほっとした**。

g. ゆうこ：とおる君、今日元気ないね。どうして**しょんぼりしている**の？
　まり　：買ってもらったばっかりのゲーム、トイレに落としちゃったんだって。

採用-する：to adopt, recruit／录用, 采用／채용(하다)／tuyển dụng

C. どんなふうにしていますか。線で結んでください。

4. 外国語で話したときの経験を周りの人と話そう。
>>> 外国語を使ったときの楽しさや難しさを伝えることば

A.

国でバスに乗ったとき、日本人の観光客を見かけました。その人たちはバスの運転手に英語で質問をしていました。バスの運転手は英語がわからず、車内アナウンスで「英語ができる方、いますか」と言いました。私はどうしようかと迷いましたが、思い切って席を立って、運転席に行きました。そして、ちょっと**ためらい**ながら、その日本人に日本語で「あのう……。どこへ行くんですか」と声をかけました。その人はちょっとびっくりした顔をしましたが、「私たち夜市へ行きたいんです」と言いました。私がバスの中に貼ってある路線図を指して、「このバス停で降りたらいいですよ。バスを降りて右へ歩いていくと夜市が見えますよ」と教えたら、とても喜んでいました。その人が私に何度も「本当にありがとうございます。助かりました」「日本語がお上手ですね」と言ってくれたので、**照れくさかった**です。

夜市：night market／夜市／야시장／thành phố về đêm
路線図：transit map／线路图／노선도／bản đồ tuyến đường sắt
指す：to point／(用手)指示／가리키다／chỉ

林 志明さん
(台湾)

B. どう言ったらいいですか。 a、bどちらを使いますか。
①アルバイト先で「いらっしゃいませ」と言おうと思って、大きな声で「いらっしゃいます！」と言ってしまって、(　　　)。
②日本語で言いたいことがうまく伝えられて、(　　　)。

a. 恥ずかしかったです　　b. うれしかったです

③日本で初めてアルバイトの面接を受けたとき、とても（　　　）。質問に答えるとき、日本語がすぐ出てこなかったり、言葉を間違えて使ってしまいました。

④アルバイト先で店長がみんなの前で「ジョンさんの発音はとてもきれいだね」と何度も褒めてくれるので、ちょっと（　　　）。

a.照れくさいです　　b.緊張しました

C.どんな気持ちですか。a～fから選んでください。

①みんなの前で先生に褒められて、ジョンさんは<u>照れている</u>。（　　　）

②パーティーで声をかけようかと<u>ためらっている</u>うちに、その人は行ってしまった。

（　　　）

③発表の前、何度も練習したのに本番でうまくできませんでした。私の日本語はまだまだ下手だと思って、<u>落ち込みました</u>。（　　　）

a.するかしないか迷う

b.うれしいけれど、恥ずかしい

c.気持ちが暗くなって、元気がなくなる

④バスの中で見たことをクラスメイトに日本語でうまく話せなくて、<u>もどかしかった</u>。

（　　　）

⑤あと1点で試験に合格できなくて、とても<u>悔しかった</u>。（　　　）

⑥寝坊した朝、タクシーで学校へ行った。道が渋滞していてなかなか前に進まないので、間に合わないかと思って、とても<u>焦った</u>。（　　　）

d.うまくできなくていらいらする

e.早く早くと急いで心が落ち着かない

f.自分が思った通りにできなくて、残念でたまらない

本番：real performance, game／正式的演出,考试等场面／본경기／trình diễn trước khán giả

5. 言葉の使い方についての説明を聞いてみよう。
>>> 生活の中で耳にする日本語について説明するときに使われることば

A.

学生A：先生、これは外来語じゃないのに、どうしてカタカナで書いてあるんですか。

先生　：ああ、これは**強調**したいから、カタカナで書かれているんです。

学生A：そうなんですか。カタカナにするのは外来語だけじゃないんですね。

学生B：あ、それから、先生、日本人って「ちょっと」ってたくさん言いますよね。

先生　：はい、そうですね。「ちょっと」は便利な言葉ですから、いろいろなときに使えます。例えば、「行けません」とはっきり断るのではなく、**あいまいに断りたいとき**に便利ですね。でも、断るとき、「ちょっと」だけだと、相手に**失礼**な印象を与えることがありますから、注意が必要です。

学生B：そうですか。もう1つ、いいですか。日本人は「うん」「うん」とよく言いますよね。ちょっと話しにくいときがあります。

先生　：ああ、それはあいづちですね。日本語で、あいづちは「あなたの話を聞いていますよ」というサインです。それで、よく使われるんですよ。

学生B：へえ。

先生　：あいづちが少ないと、「あなたの話を聞いていない、興味がない」というような**誤解を招いて**しまうことがありますよ。

学生B：そうなんですね。

あいづち：small interjections during active listening／対话中的随声附和, 表示正在倾听或理解。／맞장구／hưởng ứng

サイン：sign／信号／사인／dấu hiệu

B. どんな表現ですか。①〜③はa〜cのどれですか。

① 改まった表現（　　　）　　a. 日常的で、難しくない表現。話し言葉でよく使われる。

② くだけた表現（　　　）　　b. きちんとした硬い表現

③ 流行語（　　　）　　　　　c. 何かのきっかけで急に使われるようになって、ある期間、多くの人の間で使われる言葉

硬い：firm, hard／生硬的／딱딱하다／cứng

第9課

C. ▢▢▢ から選んで、適当な形で書いてください。

① 会社の面接試験のような（　　　　　　　　　　）場では、ゆっくり落ち着いて話すと、印象がいいです。

② 初めて会った人と話すときには、同じくらいの年の人でも、（　　　　　　　　）言葉づかいで話しましょう。

③ あいまいに言うよりも、（　　　　　　　　　）言ったほうがいいときもあります。

④ 「私はあー」「それでえー」のように、話すときに言葉の後ろを伸ばすと
（　　　　　　　　　）印象を与えます。

丁寧 はっきり フォーマル 子どもっぽい

⑤ 外国語で気持ちをうまく（　　　　　　　　　　）のは難しいです。

⑥ 言いたい言葉が出てこないときは、違う言葉に（　　　　　　　　）といいです。

⑦ 「やはり」と「やっぱり」のように、同じ意味を表す言葉でも、**改まった言い方、くだけた言い方**があります。相手や場面に合わせて言葉を（　　　　　　　　）ましょう。

⑧ あいまいでわかりにくい表現は、（　　　　　　　　）おそれがあるので、仕事のときは特に言いたいことが相手にはっきり伝わるように、気をつけましょう。

⑨ 相手が知らないことを説明するとき、相手が知っていることに（　　　　　　）話すと、わかってもらいやすいです。お好み焼きを知らない人に、お好み焼きは日本のピザ、と説明すると、お好み焼きを知らない人でもイメージがしやすいでしょう。

表す たとえる 言い換える 使い分ける 誤解を招く

場面：scene, setting／场面／장면／ngữ cảnh

D. どちらがいいですか。

「メモる」「事故る」のように、後ろに「る」をつけて動詞として使われる言葉はたくさんあります。その多くは10代〜20代が使う［　早口言葉　・　若者言葉　］として生まれ、だんだん大勢の人に使われるようになりました。

第9課

第10課 日本を旅する

楽しく旅をしましょう。旅の思い出を周りの人と共有しましょう。

---

1. パンフレットを読んで、おもしろいツアーを見つけよう！
   観光地の特徴について説明するとき、どんな言葉や表現が使われますか。

   見つけた！

2. ガイドさんが話している見どころや注意を聞こう。
   観光ガイドの説明で、どんな表現が使われますか。

   耳でキャッチ

3. 忘れ物をした！　電話で問い合わせをしよう。
   電話で忘れ物の問い合わせをするとき、どんな表現を使いますか。

   こんなときどうする？

4. 車内放送をよく聞こう。
   車内アナウンスでどんな言葉や表現が使われますか。

   耳でキャッチ

5. 心に残った旅行についてみんなに話そう。
   今までに行った旅行について話すとき、どんな言葉や表現を使いますか。

   伝えてみよう

1. パンフレットを読んで、おもしろいツアーを見つけよう！

>>> 観光地の特徴について説明するときに使われる表現

A.

世界遺産を訪れる旅

平泉を歩く

新幹線利用［東京発］お1人様　20,000円〜

スタッフお勧めのところ

中尊寺

東北地方で初めて「世界遺産（文化遺産）」に登録された平泉。年間200万人以上の観光客が日本各地から訪れています。新幹線なら、気軽に日帰り旅行ができます。あなたも歴史を身近に感じてみませんか。

中尊寺といえば、中尊寺金色堂が有名です。金色堂は12世紀の初め、奥州藤原氏によって建てられました。金色堂の周りや柱に金が使われていて、その素晴らしさといったら、とても言葉では言い表せません。

人気ツアー！

奈良・京都

ゆっくりお寺を巡る旅

東京発［3日間］42,800円〜

世界で一番　［　大きい　・　古い　］

世界最古の木造建築がある法隆寺と京都の世界遺産をゆっくり見学します。
7世紀、聖徳太子によって建てられたと伝えられている法隆寺は、昔と変わらない美しさを今に伝えています。

冬の祭りならこれ！！

300年以上の歴史を誇る祭り ← いいところがあって、それを素晴らしいと思っている
秩父夜祭ツアー
東京出発（お1人様）9,800円　夜出発、朝到着

毎年12月2日、3日に埼玉県秩父市にある秩父神社で行われる夜祭。その歴史は古く、1600年代から続いていると言われています。

秩父祭りといえば、大きな山車を引き歩く姿で知られています。この祭りで使われる山車は国の文化財に指定されています。

［　決められている　・　知られている　］

木造：木で造られている

〜世紀：century／〜世纪／〜세기／thế kỷ 〜　　巡る：surrounding／巡游／돌아다니다／xoay quanh

B．どちらがいいですか。

① 日光にある全長34.51キロの杉の並木道は、**世界一の長さを**

［　表しています　・　誇っています　］。

② 東京駅の赤レンガで作られた駅舎は歴史的な価値がある建物として国の重要文化財に

［　指定されています　・　管理されています　］。

③ 直島はアートの島として知られています。国内外から多くの観光客が

［　寄っています　・　訪れています　］。

並木：並んで立っている木　　駅舎：駅の建物

価値：value／价值／가치／giá trị　　文化財：cultural asset／文化遗产／문화재／tài sản văn hóa

アート：art／艺术／아트, 예술／nghệ thuật

2. ガイドさんが話している見どころや注意を聞こう。
　　　　>>> 観光ガイドの説明でよく使われる表現

A.

ガイド：では、こちらの××博物館についてご説明いたします。この博物館の建物は100年ほど前に建てられた洋風建築で、以前は銀行でした。こちらの柱をご覧ください。……

洋風：western／西洋风格／서양식／phong cách phương tây

B. どんな注意をしていますか。a〜cから選んでください。

① 展示品にはお手を触れないようご注意ください。（　　　）
② 館内での飲食はご遠慮ください。（　　　）
③ 携帯電話のご使用はお控えください。（　　　）

a 　　b 　　c

3. 忘れ物をした！　電話で問い合わせをしよう。
>>> 電話で忘れ物の問い合わせをするときの表現

旅行で泊まったホテルに折りたたみ傘を忘れたようです。帰りの電車を待つホームでホテルに電話をかけています。

はい、ホテルイーストです。

あのう、先ほどそちらのホテルをチェックアウトした者なんですが……。*部屋に折りたたみ傘を忘れてしまったようなんです。

*〜に〜を忘れてしまったみたいなんです
*〜に〜の忘れ物はありませんでしたでしょうか

そうですか。どちらの部屋にお泊まりでしたか。

701号室に泊まったジョンです。部屋を出るとき、かばんに入れたつもりだったんですが、なかったもので……。

701ですね。少々お待ちください。……こちらには届いていないようなんですが。お部屋のどの辺りに置かれたか覚えていらっしゃいますか。

はっきり覚えていないんですが、テレビの前に置いたように思うんです。

テレビの前ですね。

第10課

はい。もしそこになかったら、クローゼットの中に落ちているんじゃないかと思うんですが。確か、部屋に入ったときかばんと一緒にクローゼットの中に置いた気がするんです。

そうですか。どんな傘でしょうか。

紺色のチェックの折りたたみ傘です。

わかりました。少々お待ちください。

…

お待たせしました。お部屋にございました。

ああ、よかったです。でも、実は、これから帰りの電車に乗るところなんです。

あー、そうなんですか。

すみません。できたら、自宅のほうに着払いの宅配便で*送ってもらえないでしょうか。

＊～てもらってもいいですか

かしこまりました。では、チェックインのときにお聞きしたご住所にお送りします。

すみませんが、よろしくお願いします。

チェックアウト-する：ホテルなどで料金を精算して、出る
チェックイン-する：ホテルなどで到着して宿泊手続きなどをする

クローゼット：closet／壁橱, 储藏室／붙박이장／tủ quần áo　　紺色：navy blue／藏青色／감색／màu xanh dương đậm

4. 車内放送をよく聞こう。
>>> 車内アナウンスでよく聞くことば・表現

A.

車内アナウンス：
本日も城北鉄道をご利用くださいましてありがとうございます。特急はくちょう31号、城北湖行きです。途中の**停車駅**は、桃里、大野木、北山です。続いて車内のご案内をいたします。**自由席**は、1号車から3号車です。**指定席**は4号車から10号車となっております。グリーン車は9号車です。携帯電話のご使用についてお願いいたします。車内では**あらかじめ**マナーモードに変更するなど、周りのお客様のご迷惑にならないように、ご協力をお願いいたします。**なお**、通話の際は、**デッキ**をご利用ください。

マナーモード：manner mode／手机振动模式／매너모드／chế độ im lặng

B. 車掌が車内アナウンスをしています。①、②はa〜dのどの辺りで聞きますか。

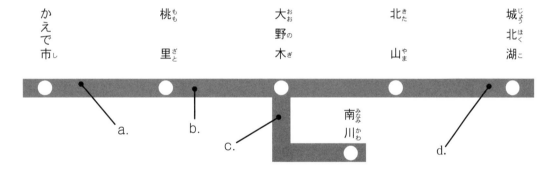

① **間もなく、終点**、城北湖です。**お忘れ物**のないようご注意ください。（　　　）
② 次は大野木です。南川行きの電車をご利用の方は、**お乗り換え**ください。（　　　）

C. どちらの切符を買いますか。
① 帰りの電車は絶対に座りたいので、[自由席 ・ 指定席]の切符を買おうと思っています。
② 安いほうがいいし、好きな時間に電車に乗りたいので、[自由席 ・ 指定席]を買います。

第10課　89

5. 心に残った旅行についてみんなに話そう。
>>> 旅行の思い出を紹介するときに使うことば・表現

A.

> 私の思い出に残っているのは箱根への旅行です。去年の春休みに友達と行きました。
> 　箱根に着いて、まず、観光センターに立ち寄りました。パンフレットをもらってから、箱根にある湖、芦ノ湖へ行って船に乗りました。その船は日本のアニメ「ワンピース」に出てくるような海賊船です。私は主人公の海賊、ルフィーになったみたいでわくわくしました。芦ノ湖から見る富士山もとてもきれいでした。
> 　それからロープウエーで大涌谷へ行きました。大涌谷で名物の黒たまごを食べました。卵を見たときは、本当に真っ黒でびっくりしました。でも、むいたら、中は白いゆで卵でした。食べてみたらとてもおいしかったです。大涌谷からの景色も素晴らしくてとても感動しました。

海賊：pirate／海盗／해적／hải tặc

B. （　　）に入る言葉をa～cから選んでください。

① 仕事で神戸へ行った（　　）、足を伸ばして、少し先の町に住んでいる友達の家を訪ねました。

② さすがに大阪は「食の都」と言われる（　　）、おいしいものが安く食べられるのでびっくりしました。

③ 名物のかき揚げ丼を食べました。驚いた（　　）、かき揚げの大きさは普通のかき揚げの3倍くらいでした。

a．だけあって　　b．ついでに　　c．ことに

かき揚げ：天ぷらの1つの種類

第11課 ライフスタイル

いろいろな人のライフスタイルを知って、自分の考えや経験と比較して意見を言いましょう。

1. 大学生はどんな生活をしているのかな。
   ライフスタイルについての調査を見たり聞いたりしたことがありますか。調査の内容や結果を説明するときに使われる言葉や表現を知っていますか。

   耳でキャッチ

2. どんなライフスタイルが今、話題なんだろう？
   最近、衣食住についてどんな考えの人が多いですか。ライフスタイルの傾向を紹介するとき、どんな表現が使われますか。

   傾向：tendency, trend／傾向／경향／khuynh hướng

   見つけた！

3. 親しい人との約束を、事情を説明して断る。
   友達との約束を急に断らなければならなくなったとき、どんな表現を使いますか。

   こんなときどうする？

4. 結婚についての記事を読んで、自分の意見を言おう。
   グラフやデータを見て、自分の考えを言うときどんな表現を使いますか。

   伝えてみよう

1. 大学生はどんな生活をしているのかな。
   >>> 調査の内容や結果を説明するときに使われることば・表現

A. 大学生に行った調査について、キャスターが話しています。

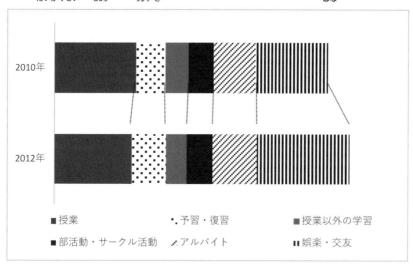

キャスターA…A　　キャスターB…B

A：大学生の生活時間についての調査結果がまとまりました。この調査から大学生が最も多くの時間を費やしているのが「娯楽・交友」で21.67時間、それに次いで、大学の「授業」18.39時間となっていることがわかりました。

B：1週間当たり、平均21.67時間、つまり、一日平均約3時間を自分の楽しみや友達との交流に使っているようですね。

A：ええ、そうですね。でも、授業の「予習復習」の時間は増加していますね。娯楽や交友の時間が大幅に増加しただけではなく、予習復習などの勉強やアルバイト、さらに、部活動やサークル活動の時間も増えています。今の大学生は毎日が忙しくなっているようですね。

B：そうですね。

部活動：クラブ活動　　費やす：(時間やお金を)使う
娯楽：amusement／娱乐／오락／vui chơi giải trí　　交友：friendship／交友／교우／bạn bè

B．どんな調査ですか。どんなことがわかりましたか。どちらか選んでください。

① 大学生［　を対象にして　・　をもとにして　］ネットショッピングの利用について調査が行われました。

② 調査［　によれば　・　に対して　］大学生の70％以上はアルバイトの経験があるということです。

③ 大学生の場合、コンビニやファストフード店でアルバイトする人が約70％であるの［　を対象にして　・　に対して　］家庭教師は約12％となっています。

C．

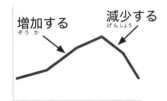 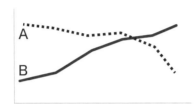

BはAを上回る

AはBを下回る

最も多いのはA、それに次いでBが多くなっている。

Aは全体の半数を超えている。　　Aは全体の4分の3を占めている。

D．＿＿＿はどちらの意味ですか。

① この調査は18歳以上25歳未満の男女300人を対象に行われました。
　［　18歳〜24歳　・　18歳〜25歳　］

② テレビを見る時間が一日当たり1時間未満の人は大学生の約3割です。
　［　によって　・　につき　］

③ アルバイトをしている学生は75％を超えて、過去最多となりました。
　［　今まででいちばん多い　・　今までと同じぐらい　］

2. どんなライフスタイルが今、話題なんだろう？
>>> 生活スタイルの傾向を紹介するときに使われる表現

A. 雑誌を読んでいたら、次のような記事を見つけました。

週末は田舎で生活…①

物を持たない暮らし…②

料理は手作りが一番

広がるシェアハウス

①週末は田舎で生活

平日は都会に住んで、週末だけ田舎で過ごすという生活スタイルが20～40代に注目されている。週末に田舎で自然と触れ合う活動をしたり、畑で野菜を作ったりして過ごすという。また、定年後、週末に生活していた田舎への移住を希望する人も増えつつある。忙しい日常生活から離れて、のんびりと自然の中で暮らしたいと考える人が多いようだ……。

②物を持たない暮らし

生活に必要な物を最低限だけ持ち、余計な物を持たないライフスタイルが若い世代を中心に広がっている。会社員のＡさん（34歳）は「以前は物をたくさん持っていました。それでも、次々にほしい物が出てきて、いつまでも満足できませんでした。ところが、引っ越しをきっかけに、仕方なく多くの物を捨てたところ、意外に気分がすっきりして気が楽になりました。今は物を持たない生活に慣れ、心に余裕も出てきました」と話す。本当に必要な物、自分の気に入った物だけに囲まれた生活こそが豊かな生活だという考え方が受け入れられているようだ……。

触れ合う：to meet, come into contact／互相接触／맞닿다, 접촉하다／tiếp xúc

移住-する：to migrate／移居／이주(하다)／di cư

最低限：minimum／最低限度／최소한／mức tối thiểu

余計(な)：unnecessary (thing, etc.)／多余(的)／쓸데없다, 불필요하다／không cần thiết

次々：one after another／接连不断／잇달아, 계속해서／liên tiếp

第11課

B. _____ はどちらの意味ですか。

① ビールを飲まない若い人が増えている。ビールを嫌う理由は、苦いからだそうだ。

  [　～をいいと思う　・　～をいやだと思う　]

② サワーやカクテルなどの甘くて、飲みやすいお酒を好む傾向が強いようだ。

  [　～がすきな　・　～がきらいな　]

③ 調査によると、20代の若者は仕事に「収入」だけでなく、「やりがい」を求めているこ
  とがわかる。

  [　～がほしいと思って　・　～を要らないと思って　]

④ 地元産の食材にこだわるレストランに人気が集まっている。

  [　～を重要だと考える　・　～を特に重要だと考えない　]

収入：income／收入／수입／thu nhập

第11課　95

3. 親しい人との約束を、事情を説明して断る。
>>> 友達との約束を断るときに使う表現

A. 友達と明日約束をしていましたが、行けなくなってしまいました。この間もキャンセルしています。

 もしもし。

あ、ジョンさん。

明日のライブのことなんだけど……。

うん。どうしたの？

 ごめん。来週の発表の準備が間に合わなくて、行けそうもないんだ。

ええ！

悪い！ 発表をグループでやるんだけど、急に一人メンバーが少なくなっちゃって。それで、いろいろ予定が変わって、どうしても明日、準備しなくちゃいけなくなったんだ。ほんと、ごめんね。

そうなんだ。それじゃ、しかたないけど……。この間もジョンさん、ドタキャンしたよね。

本当にごめん！ この埋め合わせは必ずするから！

うん。

ドタキャン-する：直前に約束をキャンセルする

どうしても：no matter what／无论如何／아무리 해도, 꼭／무슨 일이 있어도 꼭／dù thế nào cũng

埋め合わせ-する：to make amends, compensate／弥补, 补偿／신세를 갚다／đền bù

第11課

4. 結婚についての記事を読んで自分の意見を言おう。
>>> グラフやデータを見て自分の考えを述べるときに使う表現

結婚相手に求めることは「人柄・性格」

20歳から49歳の結婚していない男女（739人）を対象に結婚相手に何を求めるか調査した。男女とも「人柄・性格が合うこと」「価値観が近いこと」を選んだ人が多かった。

結婚相手に何を求めますか？（複数回答）

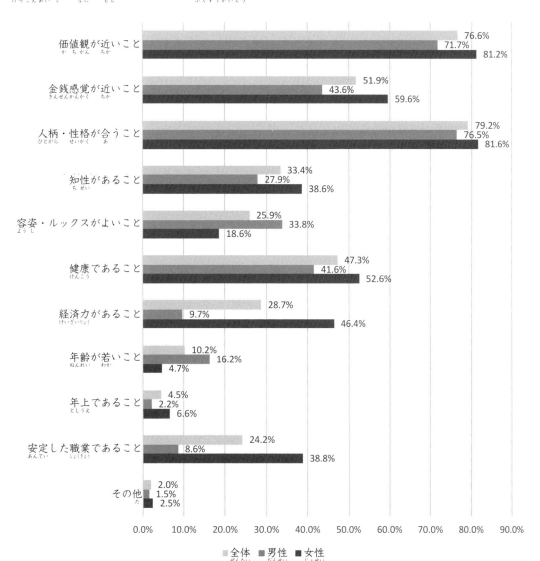

項目	全体	男性	女性
価値観が近いこと	76.6%	71.7%	81.2%
金銭感覚が近いこと	51.9%	43.6%	59.6%
人柄・性格が合うこと	79.2%	76.5%	81.6%
知性があること	33.4%	27.9%	38.6%
容姿・ルックスがよいこと	25.9%	33.8%	18.6%
健康であること	47.3%	41.6%	52.6%
経済力があること	28.7%	9.7%	46.4%
年齢が若いこと	10.2%	16.2%	4.7%
年上であること	4.5%	2.2%	6.6%
安定した職業であること	24.2%	8.6%	38.8%
その他	2.0%	1.5%	2.5%

ライフメディアリサーチバンク（2013）http://research.lifemedia.jp/2013/10/131009_marriage.html

グラフを見て、結婚相手に求めるものについて、自分の考えを話しています。

　このグラフを見ると、結婚相手に求めることの回答として多いのは1番から4番まで男性も女性も同じなのがわかります。一番多いのは「人柄・性格が合うこと」、次いで「価値観が近いこと」「金銭感覚が近いこと」「健康であること」となっています。私もこの結果と同じ考えでした。その中で私が注目したのは「価値観が近いこと」です。
　結婚したら、2人で決めなければならないことがたくさんあるので、意見が合わないことが多かったら、ストレスがたまると思います。ですから、価値観が近い人と結婚することはとても大切なこと＊んじゃないでしょうか。

＊〜のではないでしょうか

複数：multiple／多个／복수／nhiều　　価値観：value system／价值观／가치관／quan điểm giá trị

金銭感覚：financial sense／对如何使用金钱的感觉／금전 감각／quan niệm về tiền bạc

人柄：personality／人品,人格／인품,인성／tính cách

知性：intelligence／知性／지성／trí thông minh　　容姿：appearance／容貌体态／외모／diện mạo

ルックス：looks／容貌,仪表／용모／ngoại hình　　経済力：economic strength／经济能力／경제력／sức mạnh kinh tế

安定-する：to stabilize／稳定／안정(되다)／ổn định

こんな表現もあります

・この調査によると、女性に安定した職業を求める男性が少ないようですが、これは私にとって驚きでした。

・経済力を重視する女性が多いようですが、私はそうは思いません。

・結婚相手に求める条件として年齢があまり重要ではないと考える人が多いようですが、私もそう思います。

重視する：to focus on／重视／중시하다,중요시하다／coi trọng

条件：condition／条件／조건／điều kiện

第12課 心と体の健康
こころ からだ けんこう

心と体の健康を保つために、どんなことをしていますか？
こころ からだ けんこう たも

1. 気持ちが落ち込んだとき、みんなはどうしているのかなあ。
   きも お こ

   友達にアドバイスをもらいたいとき、どんな表現を使いますか。
   ともだち ひょうげん つか

   こんなときどうする？

2. 運動習慣と体力にはどんな関係があるんだろう。
   うんどうしゅうかん たいりょく かんけい

   最近、運動をしていますか。運動習慣の大切さについて話すとき、どんな言葉や表現が使われますか。
   さいきん うんどう うんどうしゅうかん たいせつ はな ことば ひょうげん つか

   耳でキャッチ

3. 睡眠についての記事を読んでみよう。
   すいみん きじ よ

   睡眠についての話でどんな言葉を知っていますか。
   すいみん はなし ことば し

   見つけた！

4. 新聞の投書を読んで、健康についてみんなで話そう。
   しんぶん とうしょ よ けんこう はな

   他の人の意見を受けて自分の意見を言うとき、どんな表現を使いますか。
   ほか ひと いけん う じぶん いけん い ひょうげん つか

   伝えてみよう

1. 気持ちが落ち込んだとき、
みんなはどうしているのかなあ。
>>>> 友達からアドバイスをもらいたいときに使う表現

夜、寝られなくなることがあるので、友達に相談します。

 佐藤さん、*ちょっと聞いてもらいたいことがあるんだけど……。

*ちょっと聞いてほしいんだけど……。
*ちょっと聞いてほしいことがあって……。

どうしたの？

最近、なかなか寝られなくて困ってるんだ。

えっ、大丈夫？　何かあったの？

実は、布団に入ると、将来のことや試験のこと、家族のこととか、いろいろ考えて、寝られなくなっちゃうんだ。

そうなんだ。

 *佐藤さんもこんなことある？
*〜さんはどう？

うん。ときどきあるよ。

そんなとき佐藤さんはどうしてるの?

僕は布団から出て、温かい物を飲んだり、好きな音楽を聞いたりしてるよ。寝られないときは、無理に寝ようとしないほうがいいよ。それがストレスになるから。

うん。

そして、昼間、体を動かすようにするんだ。体を動かせば、よく眠れるし。あとね、友達と話すと、気が楽になることもあるよ。

こんな表現もあります
- 日本語の勉強のことで悩んでるんだけど……。
- どうすればいいかな?／どうしたらいいと思う?

2. 運動習慣と体力にはどんな関係があるんだろう。
>>> 運動習慣の大切さについて話すときに使うことば・表現

A. テレビで運動習慣についての番組を見ています。

キャスター：「何か運動しなくちゃと思っているんだけど、最近忙しくて運動する時間がないんです」という方からのお悩み相談です。先生、こういった方多いですよね。忙しい中、どうやって**運動を取り入れ**たらいいでしょうか。

先生　　：そうですね。忙しい方はなかなかスポーツをするために時間を取るのは難しいと思います。そんな方にはできるだけ歩くことをお勧めします。例えば、エスカレーターなどを使わないで、階段を使用したり、目的地の1つ前の駅で電車を降りて歩くだけでも、運動量を増やすことができます。

キャスター：それだけで**運動不足**の解消につながるんですか。

先生　　：はい。それに生活習慣病の予防にも効果があります。毎日の**運動を心がけ**ましょう。

生活習慣病：lifestyle disease／生活习惯病, 成人病／생활습관병／các bệnh liên quan đến lối sống

予防-する：to prevent／预防／예방(하다)／phòng ngừa

B. どちらがいいですか。

① [**体力が落ちる**　・　**体力を付ける**] と、疲れやすくなります。

② 毎日、運動を続けると [**体力を付けて**　・　**体力が付いて**] くるものです。

③ 健康のために、毎日適度な [**体力を維持する**　・　**運動を心がける**] ようにしています。

3. 睡眠についての記事を読んでみよう。
>>> 睡眠に関係があることば

A.

①

なかなか寝られない。**眠りにつく**まで時間がかかるという悩みはありませんか。そんな方は次のようなことをしてみるのはどうでしょうか。

おすすめの方法その1：お風呂に入る
人は日中、活動しているときは体温が高くなり、夜休むときは体温が低くなります。人は体温が下がると眠くなるのです。この体温の変化を助ける方法の1つが入浴です。温かいお風呂に入ると体が温まってきます。体が温まれば血管が広がります。そうすると、お風呂から出た後には、体から熱がどんどん逃げていくため、体温が下がります。つまり、お風呂に入ることで眠りやすくなるというわけです。

寝付きをよくしたいなら、お風呂に入りましょう。38度〜40度くらいのお湯にゆっくり20分入ってください。……

②

1	横になったらすぐに寝られる？	はい いいえ	⇒ ⇒	寝付きがいい 寝付きが悪い	寝る前のインターネットはダメですよ〜
2	夜、寝ているとき、よく動いている？	はい いいえ	⇒ ⇒	寝相が悪い 寝相がいい	友達の隣で寝るとき、注意しましょう〜
3	目覚まし時計が鳴ったら、すぐ起きられる？	はい いいえ	⇒ ⇒	目覚めがいい 目覚めが悪い	起きたら、カーテンを開けて、太陽の光を浴びましょう。

※なかなか眠りにつけない、夜、何度も目が覚めるなどの状態が1か月以上続いていたら、不眠症かもしれません。医師に相談しましょう。

入浴-する：風呂に入る　　血管：blood vessel／血管／혈관／mạch máu

B. 寝ているとき、していませんか。

①いびきをかく　　②寝言を言う　　③歯ぎしりをする

C. どちらがいいですか。

①眠りが［　深い　・　浅い　］と、起きたとき、気持ちよく十分に眠れたと感じることができる。

②眠りが［　深い　・　浅い　］と、寝ているとき、小さい音がしただけでも起きてしまう。

4. 新聞の投書を読んで、健康についてみんなで話そう。

>>> 他の人の意見を受けて、自分の意見を述べるときに使う表現

A.

完全栄養食品

千葉県　伊藤隆弘

飲むだけで、一日に必要な栄養がすべて取れるという「＊＊」を飲みはじめました。ジュースよりどろっとしていて、少し甘い牛乳のような飲み物です。これ一本で健康を維持するために必要な栄養が取れるので、忙しい生活を送る私には夢のようです。食事を作ったり、食べたりする時間やお金が節約でき、他のことに時間を使えるようになりました。一日の時間は限られています。このような完全栄養食品を積極的に利用して時間を有効に使ったほうがいいのではないでしょうか。

私はこのような考え方**には**賛成できません。**というのは**、栄養食品で本当に栄養がしっかり取れるかどうか疑問**だからです**。伊藤さんは一本で健康を維持するために必要な栄養が取れる**と言っていますが**、それは本当でしょうか。長い時間栄養食品を食べ続けた人がずっと健康で長生きできるかどうかはまだわかりません。完全栄養食品を取っている**からといって**、ずっと健康でいられる**とは限らない**と思います。

また、伊藤さんのように食事は効率よく栄養を取ることが大切**と考える人もいますが**、私は食事は単に栄養を取るだけではなく、人生を楽しむために必要なもの**だと思います**。食事を通して、食べ物のおいしさを味わい、誰かと話をするチャンスを得ることができます。このように食事をするのは時間がかかりますが、私はこの時間は人生にとって必要なものだと思います。

こんな表現もあります

・ 私はこの意見に賛成／反対です。

・ たばこの煙は周りの人の健康に悪い影響を与えます。ですから、近くに人がいる所で吸ってはいけないと思います。

・ サプリメントは自分の状況に合わせて、うまく利用したらいいんじゃないかと思います。

・ ストレスを解消する**ために**適量のお酒を飲む**の**はいいことだと思います。

・ 人に迷惑をかけなければ、ストレス解消のためにたばこを吸ってもいい**ように**思います。

・ 健康的にやせたい**なら**、無理に食事を減らすより体を動かした**ほうがいい**んじゃないかと思います。

・ 「好きな仕事をしていれば、ストレスはたまらないはず」と言う人もいますが、好きな仕事をしている**からといって**、ストレスがたまらない**とは限りません**。適度な休養を取ることを心がけましょう。

適量：適度な量

どろっと：runny, like a thick liquid／浓稠／걸쭉／khoảng

サプリメント：supplement／营养辅助食品, 保健品／서플리먼트／thực phẩm chức năng

休養-する：to rest ／休养／휴식(을 취하다)／nghi ngơi

第13課 トレンドに乗ってつながる

トレンドを知って、周りの人と会話を楽しみましょう。

1. 同じことに興味を持っている人のブログを読んでみよう。
   熱中していることを紹介するときに、どんな表現が使われますか。

   見つけた!

2. 映画やドラマなど、好きな作品を周りの人に紹介しよう。
   好きな作品とその見どころを紹介するとき、どんな言葉や表現を使いますか。

   伝えてみよう

3. 今、話題になっていることは何だろう?
   話題になっていることを紹介するとき、どんな言葉や表現が使われますか。

   耳でキャッチ

4. 大切にしている物が壊れてしまった! 絶対に直したい!
   強い希望を伝えて依頼するとき、どんな表現を使いますか。

   こんなときどうする?

5. イベント会場からのリポートを聞こう。
   イベントの現地リポートでは、どんな表現が使われますか。

   耳でキャッチ

1. 同じことに興味を持っている人のブログを読んでみよう。

>>> 熱中していることを紹介するときに使う表現

A.

写真好きのブログ　～風景の写真を中心に撮っています～

今、山の風景写真に夢中になっています。
山の風景はとてもきれいで大好きです。特に景色が季節によって変わるところが気に入っています。
11月最初の週末は秋晴れのさわやかな一日。高尾山で紅葉の写真を撮ってきました。
今度は大分県の耶馬渓に行ってみようと計画中です。

ハナコのブログ

日々の出来事を書いています。

最近、はまっていること……
それはヨガ。
ヨガを始めてから体調もいいし、何よりもストレスがたまらなくなりました。
最近好きなのは「ハトのポーズ」です。
今日も仕事の帰りに教室に行ってきました。
ヨガは体も心もリフレッシュできるところが最高です。

エクサイト　ファン　ブログ

ユミのライブ日記

ライブに行ってきました！
エクサイトは何といってもライブが最高！
一人で音楽を聞くのもいいけど、みんなで同じ空間を共有できるのはやっぱりライブ！！　次のライブのチケットも絶対取ります。早くエクサイトに会いたくてたまりません。

ポーズ：pose／姿勢／포즈／tư thế　　空間：atmosphere, space／空間／공간／không gian

リフレッシュ-する：to refresh／恢复精神／기분 전환(을 하다)／làm tươi mới

B. どちらがいいですか。

① 弟は新しいゲームに ［ 熱中 ・ 夢中 ］ しています。
② 弟は新しいゲームに ［ 熱中 ・ 夢中 ］ になっています。

2. 映画やドラマなど、好きな作品を周りの人に紹介しよう。
   >>> 好きな作品とその見どころを紹介するときに使うことば・表現

A.

私が紹介したいのは「フラガール」という映画です。これは1960年代の福島県のある町を舞台とした映画で、実話をもとにして作られたものだそうです。とてもいい映画で感動しました。

活気のなくなった町を地元の女性たちがフラダンスで救うというストーリーです。町にあった炭鉱がなくなって、人々は仕事を失い、元気をなくしていきます。そんなとき、温泉を利用したレジャー施設を作って、フラダンスショーで客を呼ぼうという計画が作られます。ダンサーに応募したのはフラダンスを見たこともない女性たちでした。女性たちは必死に練習をして、ついにフラダンスショーが始まります。印象に残っているのはそのフラダンスショーのシーンです。女性たちが笑顔で踊るのを見て、涙が止まりませんでした。女性たちの熱い思いに心を打たれました。

ついに：at last, finally／终于／드디어／cuối cùng

B. 映画のジャンルを表す言葉

①コメディー

②ラブストーリー

③アクション

④ファンタジー

⑤SF

⑥ホラー

第13課　109

C. 好きな作品を紹介しています。(　　　)に入る言葉をa～eから選んでください。

①私は(　　　)小説をよく読みます。犯人は誰だろうと予想しながら読むのが楽しいです。

特に、この作品は**実際にあった話をもとに書かれている**ので、興味を持って読みました。

②このアニメは(　　　)たちの会話がとてもおもしろくて、見ると笑い**が止まりません**。

落ち込んだときに見ると、元気になれる作品です。

③私は(　　　)の漫画が好きです。生徒たちが友人関係に悩んだり、クラブ活動に夢中

になっていたりするのを見ると、自分の高校時代のことを思い出します。

④私はこの映画**に感動して**、泣きながら見ました。この映画からは、日常の生活の中にこ

そ、本当の幸せがある**という**(　　　)が伝わってきます。

⑤私はこのドラマを見た後で、もとになった小説を読みました。これは江戸時代を

(　　　)とした話ですが、ドラマを見たことで、**あらすじがわかっていた**ので、楽に

読み進められました。この作品はドラマも小説もとてもおもしろかったです。歴史好き

の人にお薦めです。

a．メッセージ　　b．舞台　　c．ミステリー　　d．登場人物　　e．学園物

生徒：中学校や高校で勉強している人

犯人：criminal／罪犯／범인／phạm nhân

D. どちらがいいですか。

①私はこの作家の小説が大好きで、**何度読んでも**［ 飽きます　・　飽きません ］。

②このドラマを見て、［ 本当の家族って何だろう　・　家族に会いたい ］と考えさせら

れました。

③この小説は猫が**主人公**で、猫から見た人間の社会が描かれているという

［ ところがおもしろいと思いました　・　メッセージが伝わってきました ］。

描く：to illustrate, describe／描写／그리다／vẽ lên

110　第13課

3. 今、話題になっていることは何だろう？
>>> 話題になっていることが広がっていく様子を表すことば・表現

A.

アナウンサー：

アニメを利用してお客さんを呼ぼうとする商店街の取り組みが今、**話題になっています**。その取り組みが行われているのは、はなわ市のすずらん商店街です。

ナレーション：

はなわ市には昔からアニメ制作会社がたくさんありました。そこに着目した商店街の人たちが中心になって、商店街の活性化に取り組んでいます。商店街の一部の場所にアニメに関係する店を集めて、市民**のみならず**、他の地域の人にも来てもらおうと考えました。商店街には、アニメ商品の販売店をはじめ、コスプレをして写真が撮れる店やアニメに出てきた料理が食べられる店などがあります。初めは、訪れる人が少なかったそうですが、商店街の人たちが考えたユニークなイベント**が話題を呼んで**、商店街に来る人が**徐々に**増えてきました。今では、人気店の前には、長い行列ができるほどになりました。

アナウンサー：

このような、町の特徴を生かした町づくりは、全国各地に**広がっていき**そうですね。

こんな表現もあります
・このバッグはドラマの中で主人公が持っていたことで**人気が出**ました。
・テレビで紹介されたことがきっかけで、工場見学が**ブームになって**います。
・映画の舞台になったこの町は、**今後**観光客が**ますます増えていく**でしょう。

取り組み：initiative／(解決問題的)挙措或方式／노력／nỗ lực　　着目-する：to focus on／着眼／착목(하다)／chú ý vào

活性化-する：to invigorate／使活跃／활성화(시키다)／kích hoạt

制作-する：to create, produce／制作／제작(하다)／sản xuất　　ユニーク(な)：unique／独特(的)／특이하다／duy nhất

4. 大切にしている物が壊れてしまった！
　　絶対に直したい！
　　>>> 実現したい気持ちを伝えて依頼するときに使う表現

大切にしていたペンが壊れてしまいました。店でペンの修理を頼んでいます。

 あのう、このペン、壊れてしまって。修理をお願いしたいんですが。

はい、拝見します。……これはいいものですね。大切に使っていらっしゃるんですね。

ありがとうございます。高校に入るとき、両親からもらったんです。

そうですか。……うーん、しかしこれは古い物なので、ちょっと修理は難しそうですね。

 そうですか。

実は他の店でも頼んでみたんですが、修理できないと言われたんです。でも、**ぜひ直したい**と思って、こちらを探して来たんです。

はい。

高校時代の思い出が詰まっているだけに、**どうしても直したい**んです。

そうですか。

なんとかやってもらえないでしょうか。

そうですか。わかりました。
ただ、今はもう手に入りにくい部品が必要で、修理するとなると、部品を作らなければならないんです。それには、ちょっと時間がかかりそうですが、よろしいですか。

はい、時間がかかった**としても**、**かまいません**。
ぜひお願いします。

はい、わかりました。

ありがとうございます。

拝見-する：「見る」の謙譲語

部品：part, component／零部件／부품／bộ phận

5. イベント会場からのリポートを聞こう。
>>> イベントの現地リポートでよく聞く表現

A.

①

リポーター：
今年もこちら、かめやま湾でかめやま花火大会が行われています。この花火大会は国内最大級で、今年でなんと100回目となります。それを記念して、3万発の花火が打ち上げられる予定だそうです。花火の打ち上げに先立って、ライブが行われています。こちらは大変盛り上がっています。以上、会場から木村がお送りしました。

②

リポーター：
4年に一度開催されるサッカーのワールドカップがいよいよ始まります。パブリックビューイングが行われる会場からお伝えしています。会場はすでにサポーターの方々の熱気に包まれています。

～発（1万発）：launches (fireworks, etc.)／～发／～발／～phát　　打ち上げる：to launch／打上去，发射／쏘아 올리다／bắn

サポーター：supporter／后援及支持者,例如球迷。／서포터／cổ động viên

B. ＿＿＿はどちらの意味ですか。

① 会場はすでに大勢の人で混雑しています。
　［ こんでいる ・ すいている ］

② 昨日からこちらで桜まつりが開催されています。
　［ 行われている ・ 開いている ］

すでに：already／已经／벌써,이미／dā

第14課 カルチャーショック

異文化と出会って気づいたことを周りの人と共有しましょう。

1. 投書を読んで、さまざまな感じ方があることを知ろう。
   新聞の投書で疑問や意見を伝えるとき、どんな表現が使われますか。

   見つけた！

2. 無理なことを言われたら？
   アルバイト先で、お客さんからの難しいリクエストにこたえるとき、どんな表現を使いますか。代わりの案を勧めるとき、どんな表現を使いますか。

   リクエスト-する：to request／要求／요청-하다／yêu cầu, đề nghị

   こんなときどうする？

3. 異文化の中で生活すると心にどんな変化があるかな？
   図や表を見ながら説明するとき、どんな表現が使われますか。

   耳でキャッチ

4. 自分の国と日本との違いについて話そう。
   驚いたことや感動したこと、疑問に思ったことを話すとき、どんな表現を使いますか。

   伝えてみよう

1. 投書を読んでさまざまな感じ方があることを知ろう。
>>> 新聞の投書で使われる疑問や意見を表す表現

みんなが住みやすい社会に

大学院生　大川　浩之　（東京都）

私は地域の国際交流会によく参加しています。さまざまな国の人と交流しているうちに、日本在住の外国人にとってわかりにくいことが意外に多いことに気がつきました。

先日、交流会で参加者のSさんに電気やガスなどの請求書について質問されました。普段よく目にしている請求書ですが、改めて見てみると、外国の人には難しいものだと感じました。漢字や難しい日本語で書かれていて、英語も書いてありませんでした。日本在住の外国人のためにもやさしい日本語やいろいろな国の言葉で書いてもらいたいものです。

日本に住む外国人が増えているのに、*どうして日常生活に必要なことが、誰が見てもわかるようになっていないのでしょうか。国際化という言葉をよく耳にしますが、国際化というなら身近なところから変える必要があると強く感じます。今のままでは、外国人にとって生活しやすいとは言えないのが残念でなりません。誰もが住みやすい社会になるといいと思います。

*なぜ～のでしょうか。

こんな表現もあります

- 日本人は断るとき、はっきり言わないことがよくあります。おそらく相手の気持ちを考えて、そうするのだと思います。
- 困っている人を見たら、少し勇気を出して声をかけてみてはどうでしょうか。

目にする：見る　　耳にする：聞く

改めて：do x once again／重新,再次／새삼스럽게,다시／lại　　おそらく：probably／恐怕,或许／아마도,틀림없이／có lẽ

2. 無理なことを言われたら？
>>> 無理なリクエストに丁寧に対応し、代案を出して勧めるときに使う表現

アルバイト先のレストランで、お客様と話しています。

あのう、すみません。このパスタセットのパスタをタコのパスタに替えてもらえませんか。

申し訳ありません。セットメニューはこちらの3つからお選びいただく*ことになっていまして……。

*〜ことになっているんです。

そうですか。前、タコのパスタも選べたように思うんですが。

申し訳ありません。あのタコのパスタは以前、限定メニューでお出ししていたメニューなので、今はもうやっていないんです……。

そうなんですか。前に来たときに食べて、おいしかったので、友達を連れてきたんですけど。

そうだったんですね。ありがとうございます。当店では旬の食材を選んでお出ししているものですから。申し訳ありません。

第14課　117

そうですか……。

*魚介がお好きでしたら、単品になるんですが、こちらのカニのパスタなどはいかがでしょうか。今が旬なので、本当においしいですよ。

*もしよろしければ、こちらはいかがでしょうか。

そうですか。じゃ、ちょっと考えます。

お決まりになりましたら、お呼びください。

旬：野菜、果物、魚などの一番おいしい時期　　魚介：魚や貝など

タコ：octopus／章鱼／문어／bạch tuộc　　単品：single item／单品，套餐中的一品／단품／món hàng riêng lẻ

3. 異文化の中で生活すると心にどんな変化があるかな？

>>> 図や表を見ながら説明するときに使われる表現

異文化適応について専門家が話しているのを聞いています。

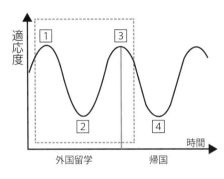

こちらのグラフをご覧ください。これは異文化で生活を始めて、そこに適応するまでの気持ちの変化と、再び自分の文化に戻ったときの気持ちの変化をグラフに表したものです。縦軸は適応度、横軸は時間を表しています。1をご覧ください。日本に来てからの3か月は興奮した状態で、積極的に行動する時期です。**これを**ハネムーン期**と呼びます**。その後、時間**とともに**気持ちは変化**していきます**。ハネムーン期のあと、徐々に落ち込む時期が来ます。異文化の生活の中で、自分の文化との違いからいろいろなストレスがたまり、気持ちが落ち込むのです。2のところです。**これが**カルチャーショック期**です**。

こんな表現もあります

- ストレスは大きく「身体的ストレス」と「精神的ストレス」の2つ**に分けられます**。
- この図は食品を栄養素の特徴によって、たんぱく質、脂質、ミネラル、ビタミン、炭水化物の5つ**に分類したものです**。

縦軸：vertical axis／纵轴／세로축／trục tung

横軸：horizontal axis／横轴／가로축／trục hoành

栄養素：nutrient／营养元素／영양소／thành phần dinh dưỡng

たんぱく質：protein／蛋白质／단백질／chất đạm

脂質：lipid／脂肪／지방／chất béo

ミネラル：mineral／矿物质／미네랄／chất khoáng

炭水化物：carbohydrate／碳水化合物／탄수화물／carbohydrate

4. 自分の国と日本との違いについて話そう。
>>> 驚きや感動、疑問などを述べるときに使う表現

A.

日本へ来てから、私の国とはいろいろなことが違うので驚きました。特にびっくりしたのは、コンビニに座るところがほとんどないことです。私の国のコンビニでは、多くの店にテーブルやいすが置いてあります。買った物をすぐ食べたいとき、そこで食べることができるので、とても便利です。飲み物を買って、友達と話していたり、お年寄りが新聞を買って読んでいたりします。テーブルといすがあったら、このようにとても便利なのに、*どうして日本にはないんだろうと不思議に思いました。日本のコンビニにも、ぜひテーブルといすを置いてほしいです。

 *どうして～のかと不思議に思いました

B. どちらを使いますか。
① 日本では多くの子どもたちが信号の色が変わるまで待っています。ルールをきちんと守っているところに [がっかりしました ・ 感心しました]。
② 国にいたとき、日本人はとても親切だとよく聞きました。でも、日本へ来たとき、私が大きい荷物を持って階段を上がっていても、誰も手伝ってくれませんでした。困っている人を見ても手伝わないところに [がっかりしました ・ 感心しました]。

C. どう思いましたか。[　]から1つ選んで○をつけてください。_____には思ったことを書いてください。
① 日本へ来て [おもしろい ・ 変だ ・ 不思議だ] と思ったことは、_____ことです。
② _____のが
　　[おもしろい ・ 素晴らしい ・ すごい ・ 不便だ] と思いました。

第14課

D. どう思いますか。こんなことを思ったことがありますか。

①デパートで買い物したとき、プレゼント用に包装をしてもらいました。その包装を見て、*なんて丁寧に包んであるんだろうと思いました。
*なんて〜のかと感動しました

②東京はとても便利な所ですが、住んでみると、Wi-Fi が使える場所があまりありませんでした。どうして Wi-Fi が自由に使えないのかと思いました。

③バスや電車の中で、お年寄りや小さい子どもを連れている人がいても、すぐ席を譲らないで、そのまま座っている人を何人も見ました。お年寄りなどをあまり大切にしていないところに驚きました。

④日本に来てすごいと思うのは、道にごみを捨てる人が少ないというところです。

⑤驚いたのは、電車やバスの時間がとても正確で、時刻表どおりに来るという点です。

〜用（プレゼント用）：specialized for x ／用于〜／〜용／dùng cho 〜

正確（な）：accurate, exact ／正确(的)／정확(하다)／chính xác　　　時刻表：timetable ／时刻表／시각표／bảng giờ tàu chạy

第14課　121

第14課

第15課 情報社会に生きる

情報やメディアとどう付き合っていますか。

1. 必要な情報をどうやって集めている？

   情報を集める手段にはどんなものがありますか。

   伝えてみよう

2. インターネットは便利だと思って使っていたけれど……。

   利用してみて気が付いた予想外のことについて述べるとき、どんな表現が使われますか。

   見つけた！

3. 個人情報の管理は大丈夫？

   よくないことが起こるかもしれないと心配するとき、どんな表現が使われますか。

   耳でキャッチ

4. 自分で判断できないことを頼まれた。理由を説明してはっきり断ろう。

   自分では判断できないと伝えたいとき、どんな表現を使いますか。

   こんなときどうする？

1. 必要な情報をどうやって集めている?
>>> 情報メディアを表すことば

必要な情報を何(インターネット、テレビ、ラジオ、新聞……)で集めていますか。

> 私はよくSNSを利用しています。国で今、起きていることや国の友達の様子などを知りたいとき、SNSはとても便利です。よく使うのはフェイスブックです。ニュースサイトから送られてきたニュースや、友達がシェアしてくれた情報をいつも見ているので、外国にいても、国で起きた事件や話題になっていることをまるで国にいるかのように知ることができます。話題に遅れることがありません。家族や友達の投稿を見るのもとても楽しいです。国の情報を得るにはSNSが一番だと思います。

こんなことばもあります

- 最近、雑誌がアプリで読めるようになったので、タブレットにアプリを入れて読んでいます。
- 大学のウェブサイトで入試についての情報を集めています。
- 電子書籍のいい点は持ち運びが便利で、本のように置いておく場所が要らないことです。
- ソーシャルメディア(SNS、ブログ、動画共有サイトなど)の利用者は年々、増加しています。

事件:case, incident／事件／사건／sự kiện

投稿-する:to post／投稿,在网络平台上发言等／투고(하다)／đăng

動画:video／视频／영상／video

2. インターネットは便利だと思って使っていたけれど……。

>>> 利用してみて気が付いた予想外のことを述べるときの表現

3人はそれぞれa～cのどの記事に興味を持つと思いますか。

スマホをチェックしていないと落ち着かない。

ヤンさん（　　）

SNSって、思ったより疲れるな。

田中さん（　　）

SNSの情報ってどこまで信じたらいいのかな！？

チンさん（　　）

a. ストレスいっぱいSNS

会社員のKさんは仕事ばかりの生活でストレスを感じていた。そこで、プライベートの時間を充実させたいとフェイスブックを始めてみた。実際に利用してみると、生活が充実する**どころか**、ますますストレスを感じるようになった。友達の投稿を見るたびに、自分はつまらない毎日を過ごしていると感じられるからだ。……

b. あなたもネット依存症！？

「スマートフォンが手の届くところにないと不安になる」「インターネットをしていないとイライラする」「寝る前に少しだけ見る**つもりが**、やめられ**なく**なって朝まで見ていた」。

こんな経験はないでしょうか。「ある」というあなたはネット依存症かもしれません。……

c. 間違った情報を広めていませんか？

有名なタレントがイベントに登場するというメッセージが友達から届いたので、Hさんはその情報をSNSでシェアした。ところが、友達からイベントには結局そのタレントは来なかったという話を聞いて、自分がうその情報を流してしまったことに気がついた。

SNS**を使うことで**、多くの人に有益な情報を伝えられる**はずが**、このように間違った情報を広めてしまうことがある。……

～症：illness／～症／～증／chứng bệnh ～　　広める：to spread, disseminate／传播,扩散／퍼뜨리다／loan truyền

流す：to spread／传播,流传／유포하다／lan truyền　　有益（な）：profitable／有益(的)／유익하다／hữu ích

3. 個人情報の管理は大丈夫？
>>> よくないことが起こる可能性を心配するときに
よく使われる表現

A.

アナウンサー…ア　ゲスト…ゲ　専門家…専

ア：今日は「あなたの個人情報、どうやって守る」というテーマでお話を進めていますが、ここでゲストの方にもお話を伺いたいと思います。ゲストは今、ドラマで人気の○○さんです。よろしくお願いします。

ゲ：よろしくお願いします。

ア：早速ですが、ご自分で個人情報を守る工夫を何かされていますか。

ゲ：そうですねえ。……あ、カードの明細書なんかはシュレッダーを使って細かくしてから捨てています。以前、ごみから個人情報が盗まれる**おそれがある**って聞いたことがあるので。

専：ええ、そうですね。ごみの中には個人情報がいっぱいあるんですよ。例えば、レシート。その人がいつもどこで買い物をしているかとか、どんな物を買っているかとかがわかってしまいます。レシートなどもシュレッダーを使うといいですね。

ゲ：へえ、そうなんですね。**いくら**明細書をシュレッダーで細かくした**としても**、他のごみをそのままにしていたら、そこから個人情報が漏れるということがあるんですね。今度から気をつけます。

ア：アンケートなども気をつけないといけませんね。

ゲ：そうですね。インターネットで買い物するときって、最後に買う目的や生年月日を書くアンケートがありますよね。僕はそれには答えないようにしています。そのようなアンケートの情報を会社がきちんと管理している**といっても**、情報が絶対に漏れないということはないと思うので。

専：そうですね。個人情報を守るためには、不用意に自分の情報を書き込まないことも大切です。

ア：そうですね。……

明細書：detailed statement／清单, 明细表／명세서／bản chi tiết　　シュレッダー：shredder／碎纸机／종이 분쇄기／máy hủy giấy

B．どちらを使いますか。

① 先日、自分がよく利用している旅行会社のサイトに不正アクセスがあったというニュースを聞いた。［　もし　・　もしかしたら　］、自分のパスポート番号などの外に漏れてしまったのではないかと、とても心配だった。

② ［　万一　・　いくら　］、クレジットカードの情報が不正に使われていることに気がついたら、すぐにカード会社や警察に届けることだ。

③ インターネット上で個人情報を入力するとき、［　ひょっとしたら・　たぶん　］誰かに盗まれて悪用されるのではないかと心配になる。

④ どんなアンケートに答える［　にしても　・　にしては　］、必須項目以外の個人情報は書かないようにしたほうがいい。

クレジットカード：credit card／信用卡／신용카드／thẻ tín dụng

不正（な）：irregular, fraudulent／不正当(的)／부정(하다)／bất chính

必須：requirement／必要, 必需／필수／bắt buộc

第15課　127

4. 自分で判断できないことを頼まれた。
理由を言ってはっきり断ろう。
>>> 自分で判断できないことを伝える表現

アルバイト先の店長から、店を多くの人に紹介するために、あなたが入っているサークルのグループメールで店の情報を流してほしいと頼まれました。

 チャンさん、大学でサークルに入ってるって言ってたよね。

はい。

チャンさんのサークルの人たちにも、うちのお店を紹介できたらって思っているんだけど、グループメールとかあったら、そこで店のことを紹介してもらえないかな。

えっ、それはちょっと……。サークル以外のことは、リーダーに確認してからでないと、サークルのグループメールを使ってはいけないことになっていて……。僕が勝手に送るわけにはいかないんです。

そっか……。
じゃ、チラシを学校に貼ってもらえない?

うーん。学生課の人に聞いてみないことには、お返事できません。

そう……。じゃ、もし店に興味がありそうな友達がいたら、クーポンのついたチラシを渡してもらえない?

はい。ご協力できなくてすみません。

第16課 学校生活
がっこうせいかつ

学校や教育について考えてみましょう。

---

1. 学校生活でどんなことがあった？
   中学、高校生活の思い出を話すとき、どんな言葉や表現を使いますか。

   耳でキャッチ

2. 学校の掃除はだれがする？
   相手の意見を受け入れながら、自分の意見を言うとき、どんな表現を使いますか。

   伝えてみよう

3. 受験に関する記事を読んでみよう。
   ・受験の話題では、どんな言葉が使われますか。

   ・毎年取り上げられるニュースや記事には、どんなものがありますか。その中で、どんな表現が使われますか。

   見つけた！

4. きっとできるよ！
   チャレンジしたいという友達の気持ちを後押ししたいとき、どんな表現を使いますか。

   こんなときどうする？

5. 今の教育でどんなことが話題になっている？
   新しい考え方について解説している記事では、どんな表現が使われていますか。

   見つけた！

1. 学校生活でどんなことがあった？
>>> 中学、高校生活の思い出を話すときに使うことば・表現

A.

エレナ：山田さんは高校のとき、何か部活に入ってた？

山田　：うん。吹奏楽部に入ってた。

エレナ：へえ。高橋さんは？

高橋　：僕はテニス部だった。ああ、部活、大変だったけど、楽しかったよね。

山田　：うん。うちの吹奏楽部は朝練が毎日あったんだけど、私、1年生のとき、よく朝練に遅刻してたから、先輩によく怒られてたなあ。

エレナ：あされん？

高橋　：朝の練習のことだよ。授業の前に、練習したんだよね。

エレナ：へえ。

山田　：放課後も練習があって、毎日、夜8時頃まで練習してたんだ。

エレナ：え、夜8時まで！

山田　：うん。コンクールの前なんか、日曜日だって練習があったし。今思えば、よくあんなに練習してたなあって思うよ。

エレナ：へえ、すごいねえ。

山田　：でも、練習をサボって、友達とカラオケに行ったこともあった。今、思い出すと、あのころが懐かしいな。

吹奏楽：brass band／吹奏乐／취주악／nhạc cụ hơi　　コンクール：competition／竞赛,比赛／콩쿠르／cuộc thi

B. ＿＿＿＿はどちらの意味ですか。

①高校の寮にはいろいろな規則があって、守らなければなりませんでした。

[規則のとおりにしなければならない ・ 規則のとおりにしなくてもいい]

②私の高校は校則が厳しかったんです。例えば、制服のスカートの長さや、靴下の色などいろいろ細かく決められていました。私はよく校則に違反して、先生に怒られました。

[規則を守って ・ 規則を守らないで]

規則：ルール

C. 皆さんの学校にもありましたか。

中学３年生のとき、２泊３日で修学旅行があって、３年生全員で京都へ旅行に行きました。行く前に、京都について知る授業があって、自分たちでいろいろ調べました。京都ではいろいろなお寺を見学したり、和菓子を作る体験をしたりしました。クラスメイトと一緒に泊まれて、楽しかったです。

毎年１回、学校で文化祭がありました。クラスメイトと一緒にバンド演奏をしたり、料理を作って売ったりしました。

私の高校では、毎年秋に体育祭がありました。リレー、綱引きなどがありました。中でも、クラス全員でダンスをしたのは楽しい思い出です。

思い出：memory／回忆，纪念／추억／kỷ niệm

2. 学校の掃除はだれがする？
>>> 相手の考えを受け入れながら、自分の意見を述べるときの表現

A. インターネットの書き込みを見てみんなで話しています。

> みんなの学校では、掃除は誰がしていますか。私の学校では生徒がしているんだけど、まじめにしない人もいて嫌になります。専門の人が掃除したほうがきれいになっていいと言う人もいますが、みなさんはどう思いますか。
>
> （ヒロ 中学2年生）

①

> 私は掃除は生徒がしたほうがいいと思います。掃除はきれいにするだけではなくて、教育の一つだと思うからです。
> **確かに**、プロの業者のほうが、学校の隅々まできれいに掃除できる**かもしれません**が、教室や自分たちが使う物などをきれいにすることで、物を大切にする心を育てることができると思います。また、学校の掃除は1人でするものではありません。私も子どものとき学校の掃除を自分たちでしていました。学校の掃除を通して、仲間と協力して仕事をするということも学べたように思います。これは将来の社会人としての生活にきっと役に立つ経験だと思います。
> ですから、掃除は大切な学校教育の一つとして生徒がしたほうがいい**のではないでしょうか**。

②

> 私は掃除は専門の業者がしたほうがいいと思います。**もちろん**、子どもに物を大切にすることを教えるために、自分が使う場所を掃除させる**という考え *も理解できないことはありません**。**でも**、掃除を通して、物を大切にすることを学ぶのは、家庭でもできることです。生徒にとって学校でいちばん大切なことは勉強だと思います。勉強の時間を、家でもできる教育に使うことは時間がもったいないと思います。それに、専門の業者が掃除したほうが、学校がきれいになって、生徒たちも安心して勉強に集中できるはずです。ですから、掃除は業者に任せる**ほうがいいのではないかと思います**。

* 〜もわかります／〜もわからないことはありません／

〜もあるかもしれません／〜もあると思います

B. どちらがいいですか。

① もちろん、掃除をする時間を勉強に使ったほうがいいという [意見 ・ 気持ち]
もあると思います。

② 子どもが掃除をサボりたくなる [意見 ・ 気持ち] もわからないことはありません。

③ A：学校の掃除は 1 人ではできません。人と一緒に協力しながらする作業だから、毎日
続けることで協調性が養われると思います。

  B：**確かに**そういう [見方 ・ 気持ち] もありますね。でも、協調性は学校生活
の他の活動を通してでも学べるんじゃないでしょうか。

④ 掃除は教育の一つだと思うので、生徒がやったほうがいいと思います。
[ただ ・ また] 危険なところの掃除だけは大人に任せたほうがいいと思います。

協調性：spirit of cooperation／合作精神／협조성／tinh thần hợp tác

養う：to instill, cultivate／培养／기르다, 양성하다／nuôi dưỡng

第16課　133

3. 受験に関する記事を読んでみよう。
>>> 受験の話題でよく使われることば

A. 留学生が大学受験の雑誌を読んでいます。

入試の基礎知識

①出願に必要な書類
出願に必要な書類は「入学願書」「卒業証明書」「成績証明書」「出席証明書」などです。ぎりぎりになって慌てないように、証明書は早めに準備しましょう。

②推薦入学について
現在、在籍している学校の成績が特にすばらしい人や、活動が認められた人などを、学校から志望大学に推薦する制度があります。推薦入学を希望する人は早めに先生に相談しましょう。

基礎：foundation／基础／기초／cơ bản
ぎりぎり：barely in time／最大限度,极限／빠듯하다,아슬아슬하다／vừa đúng lúc
在籍-する：to enroll／在册,在编／재적(하다)／đang ở

B. ＿＿＿は受験の話題で使われる言葉です。どんな意味ですか。a～dから選んでください。

①専門学校の**出願**は10月から始まります。（　　）
②私は学生時代ずっと数学の**成績**が悪かった。（　　）
③彼は出身校からの**推薦**で○○大学に入学した。（　　）
④出席**証明書**の申し込みから発行までは1週間かかります。（　　）

a．試験の結果など、勉強の評価
b．その事実に間違いがないことを示す書類
c．入学願書を出すこと
d．よいと思う人を他人に薦めること

第16課

⑤入学試験では個性や学習意欲を見るために、学力試験だけでなく面接試験を行う学校もあります。（　　　）

⑥弟は受験生なので、合格するために一生懸命勉強しています。（　　　）

⑦試験の日には受験票を忘れずに持って行きましょう。（　　　）

⑧有名な大学かどうかよりも、自分がやりたいことができるかどうかよく考えて、志望校を決めようと思います。（　　　）

e．入学試験を受ける学生

f．願書を出した後に、受験校から送られてくる本人確認のためのカード。試験を受けるとき必要なもの

g．入学したい学校

h．学校で学んだり覚えたりした教科についての知識、または能力

⑨あの高校は進学率が高くて、就職を希望する人はほとんどいないそうです。（　　　）

⑩現役で大学に合格したいので、放課後や週末は受験のための塾で勉強しています。

（　　　）

⑪不合格だった志望校にどうしても入学したいので１年浪人することにした。（　　　）

⑫兄は志望校合格を目標に、毎日予備校で受験勉強をしている。（　　　）

i．入学試験に合格できず、次の年の入学を目標に準備すること。または準備している人

j．進学する割合

k．受験のために勉強したり、情報を得たりする学校

l．在学中に上の学校を受験する人

意欲：積極的にしようとする気持ち

発行-する：to issue／发行／발행（하다）／cấp

第16課　135

>>> 毎年取り上げられる話題を伝えるニュースや記事で使われる表現

受験に関する記事を見つけました。

受験生が神社で合格祈願

a [　　受験シーズンを前に、合格祈願の催しが各地で行われている。

b [　　福岡県の○○神社では 10 月 1 日から 31 日まで「合格祈願祭」が開かれ
ている。この期間中に合格祈願を申し込むと、期間限定の特別なお守りや絵
馬などをもらうことができるため、多くの受験生やその家族などが訪れてい
る。神社では申し込みのあった受験生、一人一人の名前を読み上げて祈願し
ている。

c [　　参拝に来た受験生は「ここは学問の神様として有名なのでお参りに来まし
た」「今年は絶対に合格したいです」などと話していた。

d [　　受験シーズンが終了する 2 月まで毎日多くの受験生が訪れる。神頼みは昔
も今も変わらないということだ。

(20xx 年 10 月 1 日　南日新聞)

a．話題　　　　　　　　　　b．話題についての具体的な内容

c．関係者の感想やコメント　d．まとめ

こんな表現もあります

・大学受験の時期を迎えて、各地の神社で合格祈願の催しが行われている。

・いよいよ大学入試の時期となりました。

祈願-する：寺や神社などへ行って、祈り願うこと　　催し：イベント

参拝-する：お参りする　　神頼み：助けてもらえるように神に祈って頼ること

学問：academic discipline ／学问／학문／học vấn　　神様：god ／神，神仙／신／thần thánh

第16課

4. きっとできるよ！
>>> 相手の気持ちを後押ししたいときの表現

スピーチコンテストに出ようかどうか迷っている友達と話しています。

 オアンさん、スピーチコンテスト、どうすることにしたの？

それが、ちょっと迷ってるんだ。

え？　どうしたの？

出てみたいと思うんだけど、自信がなくて。自分の考えをうまく日本語で表現できるかどうか、心配なんだ。

そっか。でも、やってみたい気持ちはあるんでしょう？

うん……。でも、大変なんじゃないかな。みんなの前で話すのは緊張しそうだし。

 原稿の準備なんかは周りの人に手伝ってもらうこともできるよ。確かに、大勢の人の前で話すとなると緊張するけど、意外となんとかなるものだよ。

そう？

実は、僕、国で日本語のスピーチコンテストに出たことがあるんだ。

え、本当？

言いたいことが伝えられて、うれしかったよ。オアンさん、スピーチコンテストでみんなに話したいことがあるんでしょう？

うん。

それなら、オアンさんが知っている言葉で伝えたらいいんじゃないかな。やるだけやってみたら？

うん……。

どんな準備をすればいいか心配だったら、去年出たエレナさんに聞いてみてもいいと思うよ。

そっか。

この経験は絶対に無駄にはならないよ。僕も応援するから、思い切ってやってみたら？

ありがとう。じゃあ、やってみようかな。

5. 今の教育でどんなことが話題になっている？
>>> 話題になっている新しい考え方の解説で使われる表現

「反転授業」ってどんな授業？

a　　今、「反転授業」と言われる新しい授業形態が注目されている。「反転授業」とは、学習者が授業前に動画などを見て予習し、教室では応用問題などに取り組む授業形態のことだ。

b　　従来の授業形態では、学習者は授業で知識を得たあと、家などで問題に取り組んで理解を深める。教室で学習内容を説明することに多くの時間を使うため、個人指導やグループでの学習などに十分時間を確保するのが難しい。それに対して、反転授業では学習者が学習内容を授業前に動画などで見ておくため、教室では、わからない点の確認やテーマについてのディスカッション、発表などの発展的な学習に取り組む時間が取れることが大きな特徴だ。

c　　反転授業の考えは2000年前後に、アメリカで生まれた。ある教師が授業に出席できない学生のために授業動画を作り、それをインターネットで配信したのがきっかけで、徐々に広がっていった。その後、通信の高速化や、マスコミで取り上げられたことなどにより広く知られるようになった。

d　　最近、日本でも反転授業を取り入れる大学が出てきた。反転授業を取り入れた大学からは、学生の理解力が深まり成績向上につながった、学習者同士で教え合うようになったなどの効果が報告されている。一方、課題として、動画が不足していること、教師研修が必要であることなどが挙げられる。
　　課題はあるものの、実践例は徐々に増えつつある。反転授業は今後、さらに広がっていくのではないだろうか。

a．新しい考え方を表す言葉の説明や定義　　b．考え方の特徴
c．その考えが生まれた理由・背景　　　　　d．現状と今後の予想

こんな表現もあります

・MOOC というのは、Massive Open Online Courses（大規模公開オンライン講座）のことだ。インターネットで有名大学の教授の授業が無料で受けられる。

・オンラインの英会話教室は、いつでもどこでも利用できるのが魅力だ。

・反転授業の大きな特徴は、教室で発展的な学習に取り組む時間が取れるという点だ。

・日本の大学の国際化を進める必要があることから、大学の入学時期を世界の多くの国に合わせようという議論が始まった。

・大学で入学試験に面接試験を取り入れるようになったのは、受験者の学力だけでなく、個性や学習意欲なども評価しようと考えたからだ。

・学校の授業でタブレット端末を活用する動きが広がってきた。しかし、学校でタブレット端末を普及させるには、国、自治体の補助やメーカーの協力が必要になってくるだろう。

・大学入試が知識重視から思考力、判断力、表現力を問うものに変われば、高校の学習内容も変わっていくことが予想される。

思考力：考える能力

応用-する：to apply／応用／응용(하다)／ứng dụng

通信-する：to transmit／通信, 沟通／통신(하다)／trao đổi thông tin

向上-する：to improve／提高／향상시키다／nâng cao

定義-する：to define／下定义／정의(하다)／định nghĩa

大規模（な）：large-scale／大规模(的)／대규모(인)／quy mô lớn

議論-する：to discuss／讨论／의논(하다)／bàn bạc

端末：terminal device／终端／단말／thiết bị đầu cuối

自治体：municipality, local government body／自治体, 自治区／자치체／chính quyền địa phương

補助する：to support／辅助／보조(하다)／hỗ trợ

第17課 働くということ

自分の将来のために、いろいろ情報を集めましょう。

1. 仕事に対する他の人の考えを聞いて、自分の意見を言おう。

   何かを実現するために、その条件がなければ実現が難しいと言いたいとき、どんな表現を使いますか。

   伝えてみよう

2. 就職活動のパンフレットを読もう。

   就職活動のパンフレットには、どんな言葉が使われますか。

   見つけた!

3. 就職活動について、話を聞こう。

   聞く人にわかりやすいように、例を出して説明するとき、どんな表現を使いますか。

   耳でキャッチ

4. 目上の人にお願いのメールを書く。

   丁寧な依頼のメールを送るとき、どんな表現を使いますか。

   こんなときどうする?

5. 電話をして会ってもらう約束をする。

   目上の人や会ったことがない人に電話をかけるとき、最初にどんな表現を使いますか。

   こんなときどうする?

伝えてみよう

1. 仕事に対する他の人の考えを聞いて、自分の意見を言おう。

　>>> 必要な条件を言うことで自分の意見を補強したいときに使う表現

テレビドラマで親子げんかのシーンを見て、仕事に対する自分の考えを話しています。

就職しないでバンドを続けるなんて、夢みたいなことを言ってないで、現実を見なさい。ただ好きという気持ちだけでは生活はできないぞ。

父さんがいくら反対したって、好きな音楽を続けていきたいっていう気持ちは変わらない。就職はしないで、このままバンド活動を続けていく。好きなことを仕事にして、自分らしく生きていきたいんだ。

① お父さんの言うとおりだと思います。バンドで成功するなんて、本当に難しいです。経済的に安定し**ないことには**、毎日の生活も安心して送れ**ない**と思います。好きなことは趣味として楽しめばいいんじゃないでしょうか。

② お父さんに反対されたからといって、自分のやりたいことをあきらめたら、絶対に後悔します。夢に向かって進みたいという気持ちがある**限りは**、やれるだけやってみたらいいんじゃないでしょうか。だれでも自分が納得して**からでなければ**、次に進むことはできない**から**です。もし、これ以上は続けられないと思ったら、次のことを考えればいいと思います。人生は一度きりです。自分の思った通りに生きたらいいと思います。

こんな表現もあります

・経済的に自立し**ない限り**、一人前とは言えないと思います。
・仕事は何年か経験し**てからでないと**、その仕事が自分に合っているかどうかわかり**ません**。

2. 就職活動のパンフレットを読もう。
>>> 就職活動のパンフレットに出てくることば

A.

```
目次
 就活の準備                          採用試験から内定
  自己分析……………p.4    ①          筆記試験……………p.24
  業界・企業研究………p.6    ②          面接…………………p.25   ⑤
  仕事研究……………p.10                内定から入社………p.26
  インターンシップ……p.14   ③
                                  コラム
 エントリー
                                   就職活動の服装………p.22   ⑥
  エントリーシート……p.17   ④          就職活動のマナー……p.32
  会社説明会・セミナー…p.20
```

①
自己分析
自己分析は、自分の長所や短所、能力や専門、興味、将来の希望などについて、自分で整理することです。今まで気づかなかった自分を知って、仕事の選択に役立てましょう。

②
業界・企業研究
日本にはどんな業界があるのかを知ることから始めましょう。興味のある業界が見つかったら、その中にどんな企業があるか調べます。ウェブサイトを見たり、**資料請求**をして必要な資料を**取り寄せ**たりしましょう。興味を持った企業について、どんなことをしているか、どんな人材を必要としているかなどを調べます。

③
インターンシップ
インターンシップとは、学生が企業で実際の仕事を体験する制度です。**インターンシップ**に参加することで、企業で働くことが実感でき、その企業の特徴を知ることもできます。

第17課 143

④
エントリーシート
エントリーシートは、志望する企業に応募するための用紙です。自己PRや志望動機（その企業に入りたいと思ったきっかけや理由）などを書いて、自分がどういう人間か企業に伝えます。

⑤
面接
自己分析や企業研究をもとに、志望理由や自分の強みなどを自分の言葉で伝えられるように準備しましょう。面接には企業によって個人面接、グループ面接などさまざまなスタイルがあります。

⑥
コラム：就職活動の服装
相手にいい印象が与えられるような清潔感のある服装や髪型を心がけましょう。

リクルートスーツ
就職活動のとき、多くの人が着ているスーツをリクルートスーツといいます。色は黒や紺、グレーなどが一般的です。

筆記試験:答えを紙に書く試験　　長所:(性格などで)特にいい点　⇔短所
強み:他より強い点　　清潔(な):汚れがなく、きれいなこと
髪型:髪の形
業界:industry／同业界,行业／업계／ngành nghề　　整理-する:to organize／整理／정리(하다)／sàng lọc

B. ①〜③はどんな意味ですか。線で結んでください。

①自己分析　　・　　　　・その企業や学校に入りたいと思ったきっかけや理由

②志望動機　　・　　　　・企業が応募者を採用する意思があると伝えること

③内定　　　　・　　　　・就職活動の際、自分がどういう人間かを他の人に伝えるために自分について分析すること

意思:will, intention／意思,想法,打算／의사／ý định

3. 就職活動について話を聞こう。
>>> わかりやすくするために例を出して説明するときに使う表現

キム：先生、ちょっと質問したいことがあるんですが。

先生：はい、何ですか。

キム：エントリーシートって何ですか。

先生：エントリーシート**というのは**、その会社に応募する際に志望動機や自己PRなどを書いて提出する紙、**つまり**、会社に出す応募用紙のことですよ。

キム：そうですか。

先生：キムさんは、国で仕事をしたことがあると言っていましたね。それなら、職務経歴書も必要ですよ。

キム：しょくむけいれきしょ？

先生：今までしてきた仕事**とか**、そこで得たスキル**とか**を書いて、自分をアピールする書類ですよ。

キム：そうですか。わかりました。あと、もう1つお聞きしたいんですが、企業研究って具体的にどんなことをするんですか。

先生：そうですね。**例えば**、企業のホームページを見て、その会社の概要を知ったり、OB・OG訪問をしてその会社の実際の様子について聞いたりします。

キム：そうですか。ありがとうございました。

こんな表現もあります

・インターンシップというのは、**他の言葉で言うと**職業体験のことです。

・通訳案内士というのは、**わかりやすく言えば**外国語での観光ガイドのことです。

・企業が学生に期待するものの1位はコミュニケーション能力です。このコミュニケーション能力**とは**、**言い換えると**、相手の考えを正しく理解して、自分の考えや情報を相手にわかりやすく伝える力です。

・企業が開催している説明会は大学のオープンキャンパス**みたいなもの**です。

スキル：skill／技能／스킬／kỹ năng　　具体的(な)：concrete (idea, plan, etc.)／具体的／구체적(인)／cụ thể

概要：overview／概要，梗概／개요／khái quát

4. 目上の人にお願いのメールを書く。
>>> 丁寧な依頼のメールを知り合いに送るときに使う表現

A. ①～④はa～dのどれですか。

OG訪問についてのお願い

山口久美子様

① (　)
お久しぶりです。
暑くなってきましたが、お元気でしょうか。
さくら大学の国際交流サークルで以前お世話になった林佳蓉です。

② (　)
今日はお願いしたいことがあって、メールしました。

私は今年、大学３年生になり、日本で就職したいと思い、いろいろ就職についての情報を調べているところです。
旅行業界に興味を持っており、先輩が勤めていらっしゃる会社について企業研究をしています。

③ (　)
それで、もしよろしければ、先輩の今のお仕事などについてお話を詳しく聞かせていただけないでしょうか。
お忙しいところ、申し訳ありませんが、先輩のご都合を教えていただけるとうれしいです。

④ (　)
どうぞよろしくお願いいたします。

さくら大学○○学部○○学科△年
林佳蓉
Tel:090-0000-0000

a. 現在の様子　　b. 依頼の内容　　c. 最初の挨拶　　d. 最後の挨拶

第17課

B. ①〜③の人はメールを書こうと思っています。メールの中でa、bのどちらを使ったらいいですか。

①

長い間連絡を取っていない先生にメールを送りたいんだけど、最初にどうやって書いたらいいのかな。

a．ご無沙汰しております。お元気でいらっしゃいますか。
b．こんにちは。お久しぶり〜。

②

エントリーシートを書いたんだけど、これでいいかな……。先生に見てもらいたいんだけど、メールに何と書いたらいい？

a．エントリーシートを書いたから、見てください。
b．お願いしたいことがあるんですが、お時間のあるときに、エントリーシートを見ていただけませんか。

③

先生は木村さんに連絡してあるから大丈夫だって言ってくれたけど、紹介してもらった人にメールを書くときって、自分のことをどうやって書いたらいいのかな。

a．初めまして。私はチャンです。田島先生から私のことを聞きましたよね。
b．初めまして。田島先生にご紹介いただいたチャンです。

第17課 147

5. 電話をして会ってもらう約束をする。
>>> 目上の人や初めての人に電話をかけるときに最初に言う表現

A.

① 進学したいと思っている大学に同じ日本語学校の先輩が通っていると聞きました。その先輩に会って、話を聞きたいと思っています。会う約束をするために先輩に電話しました。その先輩は先生に紹介してもらいました。

 お忙しいところ、申し訳ありません。本田先生のご紹介でお電話いたしました。オアンと申します。

ああ、オアンさんですね。メアリーです。本田先生から聞いています。

今、お時間よろしいでしょうか。

はい、いいですよ。

ありがとうございます。

あのう、さくら大学の受験のことで先輩にお話を聞かせていただけないかなと思って、お電話いたしました。

はい。どこかで会って話しましょうか。

そうしていただけると大変うれしいです。メアリーさんはいつごろがご都合がよろしいでしょうか。

そうですねえ。今月はレポート提出があって、ちょっと忙しいので、来月の初めの金曜日はどうですか。

はい、6日ですね。大丈夫です。

じゃ、6日の夕方6時はどうですか。さくら駅の前で会いましょう。

はい、お忙しいところを本当にありがとうございます。よろしくお願いします。

②就職活動のために履歴書を書きました。できるだけ早くチェックしてもらいたいと思って、夜ですが、先生に電話することにしました。

夜遅くに申し訳ありません。○○クラスのジョンです。

はい。ジョンさん、こんばんは。

今、お時間よろしいでしょうか。

はい、大丈夫ですよ。何ですか。

今している就職活動のことでお電話しました。履歴書を書いたんですが、見ていただけないでしょうか。

いいですよ。いつがいいですか。

できれば早めに見ていただけるとうれしいのですが。先生のご都合はいかがでしょうか。

そうですか。それでは、明日の授業後はどうですか。

はい、ありがとうございます。よろしくお願いいたします。

第17課 149

B.
①何と言ったらいいですか。a〜eから選んでください。

(1)
相手が仕事をしているところだったら悪いな……。

(2)
夜遅くに電話して申し訳ないな……。

(3)
休日に電話して悪いな……。

a．夜分に申し訳ありません。
b．お休みのところ、申し訳ありません。
c．お仕事中、申し訳ありません。

②名前を言うとき、何と言ったらいいですか。

通っている学校の先生に電話をするんだけど……。

d．○○クラスのトリコです。
e．私、○○クラスのトリコと申します。

第18課 地球に生きる
ちきゅう　い

今、地球にどんなことが起こっているのでしょうか。

1. 地球の環境を守るために何ができるのだろう。
   身近な環境問題とその対策についての話題では、どんな言葉や表現が使われますか。

   対策：countermeasure／対策／대책／biện pháp

   耳でキャッチ

2. 欲しい人に譲ります！
   物の形や特徴、状態を説明するとき、どんな言葉や表現を使いますか。

   こんなときどうする？

3. 環境の変化の影響を受けている動植物について書かれた記事を読もう。
   ・問題の原因と結果、また、その後の状況について述べるとき、どんな表現が使われますか。
   ・絶滅のおそれがある野生動物について紹介するとき、どんな言葉が使われますか。

   見つけた！

4. 周りに守りたいと思う自然がある？　みんなと話そう。
   自然の大切さについて話すとき、どんな表現を使いますか。

   伝えてみよう

1. 地球の環境を守るために何ができるのだろう。
>>> 身近な環境問題とその対策で使われることば・表現

A.

アナウンサー：
寒くなってきましたね。みなさん、寒さ対策はしっかりされていますか。どうしても電気代がかかる季節ですが、電気代をできるだけ**節約**して快適に冬を乗り切りたいものです。今日は省エネアドバイザーの清水さんにスタジオにお越しいただいて、冬の**節電**のポイントと寒さ対策についてお話をお聞きします。

清水：よろしくお願いします。みなさん、冬の夕方の**消費**電力の割合で上位を占めるのは何だと思いますか。

アナウンサー：うーん。暖房でしょうか。

清水：そうです。こちらのグラフをご覧ください。暖房にエアコンをご利用の家庭では、1位はエアコン、2位は照明、3位は冷蔵庫となっています。

アナウンサー：そうですか。1位のエアコンは、そうだと思いますが、2位は照明ですか。

清水：はい、冬は早くに日が落ちるので、照明のために思った以上に電気代を使っています。夏に比べて倍以上も**消費**しているんです。

アナウンサー：へえー、そうなんですか。冷蔵庫も結構、電気を消費しているんですね。冬だからもう少し少ないのかと思いました。

清水：はい、そうですね。皆さん、冷蔵庫の設定温度を一年中同じにしていませんか。冷蔵庫の温度を控えめに設定すると、消費電力量が少なくなるので、「強」を「中」や「弱」にすると**省エネ**になります。冬は冷蔵庫の温度を上げて**節電に努**めましょう。

アナウンサー：そうですか。少しでも**省エネ**を心がけたいですね。さて、1位のエアコンですが、エアコンに使う電力を**減**らすには、どんなことに気をつけたらいい

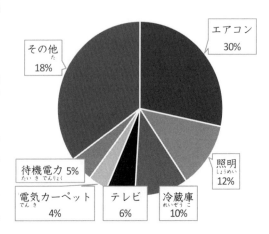

でしょうか。

清水：はい、夕方早めにカーテンを閉めるだけでも部屋の温度が下がるのを抑えることができます。

アナウンサー：そうすれば、エアコンの設定温度を高くしなくてもよくなりますね。

清水：はい、冬のエアコンの設定は20度くらいにしましょう。設定温度を21度から20度にした場合、1年で約1,430円の**節約**になります。また1日1時間、使用時間**を減らす**だけでも、年間約1,100円の**節約**になります。エアコンを使うのは必要なときだけにし、別の方法で寒さ対策をして冬を乗り切りましょう。

アナウンサー：はい。最近は湯たんぽのよさが見直されていますね。若い人たちの間でも人気になっていますね。

清水：中にお湯を入れるだけで使えるので、すぐに取り入れられる寒さ対策だと思います。寝るときに布団に入れると朝まで暖かさが続くので、快適に寝られます。

アナウンサー：最近は湯たんぽのカバーがぬいぐるみのようになっていたり、足にはくタイプのものもありますね。

清水：はい、皆さんにもぜひ湯たんぽを試していただきたいです。夜寝るとき、エアコンをつけ**っぱなし**にして寝ていると、電気代がかかって大変です。湯たんぽを使えば、エアコンに頼る**ことなく**、快適に寝られます。

アナウンサー：ああ、いいことばかりですね。

清水：はい、各家庭で**節電に取り組**めば、電気代も安くなるし、結果として**環境を守る**ことにもなります。積極的に**省エネ**に力を入れていきましょう。

アナウンサー：ありがとうございました。今日は省エネアドバイザーの清水さんにお話をうかがいました。

お越しいただく：来ていただく　　暖房：建物や部屋の中を暖かくすること

控えめ：量や程度を少なめにすること

上位：top ranking／上層，前列／상위／vị trí dẫn đầu　　照明：light fixture／照明／조명／sự chiếu sáng

抑える：to hold something down／控制，抑制／억제하다 ,막다／hạn chế

第18課　153

B. ①～⑤はa～eのどれですか。

① (　　　　)　② (　　　　)　③ (　　　　)　④ (　　　　)　⑤ (　　　　)

a. 回収された牛乳瓶は**再利用**されます。

b. 私のうちでは雨水を庭の水まきや洗車に**利用**しています。

c. 法律によって、私たち消費者はペットボトル、プラスチック容器、缶などを**分別して**捨てなければならないことになっています。

d. ペットボトルは食品の容器や服、ボールペンなどに**リサイクルされて**います。

e. 水の**無駄遣い**をなくしましょう。**節水**にご**協力**ください。

プラスチック：plastic／塑料／플라스틱／nhựa　　　容器：container／容器／용기／bình chứa

C. 地球を守るために何をしたらいいですか。a～hを下の表に入れてください。

a. ~~ごみ~~　　b. 省エネ　　c. CO_2（二酸化炭素）　　d. 温暖化

e. 自然　　f. 地球環境　　g. 森林保護　　h. CO_2削減

を減らす　　　　　　　　　　　　を防ぐ

a. ごみ

を守る　　　　　　　　　　　　に取り組む

保護-する：守る　　削減-する：減らす

154　第18課

2. 欲しい人に譲ります！
>>> 物の形や特徴、状態を説明するときに使うことば・表現

A. あなたは引っ越しで不要になったテレビを譲りたいと思って学校にポスターを貼りました。ポスターを見た人から電話がかかってきました。

テレビ譲ります

ご希望の方
連絡ください。

サイズ　19インチ
20XX年製
メーカー　ABC電機
無料
TEL:000-0000-0000

 あのう、私、ジョンと申します。学校でポスターを見たんですが……。

 ああ、テレビのことですね。

はい、譲ってもらいたいと思ってお電話しました。

ええ、まだありますからお譲りできます。半年前に買ったばかりで、新しいのできれいですよ。

あのう、無料でいいんですか。

はい、どうぞ。今度引っ越すところは、部屋にテレビが付いているので、持っていけないんです。

そうですか。自転車で取りに伺いたいんですが……。

はい。19インチで、大きいノートパソコンくらいの大きさなので、自転車で運べると思います。

…

差し上げる:「与える」の謙譲語

インチ：inch／英寸／인치／inch　　ノートパソコン：laptop／笔记本电脑／노트북／máy tính xách tay

第18課

B. どの商品のポスターですか。①〜④にはa〜dのどれが入りますか。

譲ります

直径 16cm　ステンレス製
ガラスのふたが付いています。
無料。
ラーメンを作るのにちょうどいいです。

① (　)

譲ります！

プラスチック製　アウトドア用
幅 120cm×奥行 60cm×高さ 70cm
重さ 3kg　折りたためます。
持ち運びに便利！

② (　)

2,000円で売ります

26インチ　白
かごが付いていて、通勤・通学に便利
ハンドルに少しさびがあります。

③ (　)

差し上げます

サイズ　縦 35cm×横 30cm
重さ　700g　日本製
色　黒（持ち手はグレー）
肩かけベルト（長さ 80cm）

たくさん入るので学生向きです。
パソコンも入れられます。
3WAY（持つ、背負う、肩かけ）で使えて便利です。
水に強いです。
内側に小さいしみがあります。

④ (　)

a．リュックサック　　b．テーブル　　c．鍋　　d．自転車

直径：diameter／直径／직경, 지름／đường kính
ステンレス：stainless steel／不锈钢／스테인리스(스테인리스 스틸의 준말)／không gỉ
アウトドア：outdoor／户外, 野外／아웃도어　　ハンドル：handle／方向盘, 车把／핸들, 손잡이／ngoài trời
背負う：to carry (a burden)／背负, 承担／등에 매다／gánh vác

3. 環境の変化の影響を受けている動植物について書かれた記事を読もう。
>>> 問題の原因と結果、またその後について述べるときに使われる表現

①トキ【日本】

　自然破壊や環境汚染などによって、日本の空からいなくなってしまった鳥がいる。その一つがトキだ。野生のトキが減少したとき、残っているトキを守ろうという活動が広がったが、結局うまくいかなかった。人間は自分たちの生活を優先して、トキのすむ環境を奪ったあげく、絶滅にまで追い込んでしまったのだ。その後、中国から送られたトキを人工的に増やし、自然に戻す活動が行われている。自然に戻ったトキが生きていける環境を維持していくことが必要だ。

②植物園の活動

　開発のために森林が伐採され、生態系が崩れた結果、多くの野生植物が減少している。絶滅してしまったものもある。一度失われた自然環境を取り戻すのは大変なことだ。植物にとってのよい環境を守ることは、そこで暮らす生き物全体を守ることにほかならない。それは人間の生活環境を守ることにもつながる。

　各地の植物園は自然界で絶滅した、あるいは絶滅のおそれがある植物を栽培し保護している。また、種を増やし、現地に植え戻す活動も行っている。植物園には植物保護の役割が期待されている。

人工的(な)：自然のままではなく、人の力でつくりだされていること

第18課　157

>>> 絶滅のおそれがある野生動物について紹介するときに使われる言葉

どんな意味ですか。a〜hから選んでください。

①南アフリカでは環境保護団体が野生のサイを救おうと活動しているものの、密猟のため、絶滅しかねない状況だ。（　　）（　　）

②外来生物は元からそこにいる生物やそのえさになる生物を食べてしまったりして、生態系に影響を及ぼすことが多い。　（　　）

③日本の各県では、絶滅のおそれがある動植物のリストを作成し、保護に取り組んでいる。
（　　）

a．危険なことから守ること

b．捕ることが禁止されている鳥や動物を捕ること

c．人間の活動によって、他の地域から入ってきた生物

d．一つの種類の動物や植物の全てが死んで、なくなってしまうこと

④環境の悪化や密漁が原因でシラスウナギ（ウナギの子ども）が激減している。（　　）

⑤海洋汚染はその海にすむ生物だけでなく、人の健康にも影響を与えるおそれがある。
（　　）

⑥私たち人間は、自分たちの利益のために、野生動物を乱獲してきた。（　　）

⑦この地域では開発が進むにしたがって、環境破壊が深刻な問題になっている。（　　）

e．壊すこと

f．有害なもので汚れること

g．動物や魚などを計画性なしに大量に捕ること

h．捕ることが禁止されている魚介類や海の動物を捕ること

取り戻す：再び元の状態に戻す

生態系：ecosystem／生态系统／생태계／hệ sinh thái　　種：seed／种子／종자, 씨／hạt

サイ：rhinoceros／犀牛／코뿔소／con tê giác　　激減-する：to decrease rapidly／锐减／격감(하다)／giảm mạnh

有害(な)：harmful／有害(的)／유해(하다)／có hại

158　第18課

4. 周りに守りたいと思う自然がある？
みんなと話そう
>>> 自然の大切さについて述べるときに使う表現

A.

私の町には、柿田川という川があります。川の水はほぼすべて富士山の湧き水で、このような川は他にはあまり見られません。長さは1.2kmしかないとても短い川ですが、水量が豊富で水質も優れているため、この地域の飲料水や農業用水、工業用水になっています。私たちの生活は、柿田川**なしでは**考えられ**ません**。

実は、以前に工場や住宅が増加し、水を使い過ぎたことで川の水量が減ったり、工場や家庭からの排水が原因で水が汚れたりしたことがありました。そんな状況を見た地域の人々は川を守ろうとして、工場を移転させたり川の清掃をしたりする活動を始めました。その結果、川は元の豊かで美しい柿田川に戻りました。

今では、柿田川の水量や水質を守るために調査を行ったり、富士山のふもとに木を植えたりする活動を行っています。**柿田川があるからこそ**、私たちはこの土地で生活を続けることが**できます**。**この川がなくなってしまったら、大変なことになってしまいます**。川に感謝する気持ちを忘れずに、二度と同じことを繰り返さないように川を守っていきたいと思います。

排水-する：不用になった水を外に流し出す　　移転-する：位置、住所が変わる

二度と〜ない：決して再び〜ない

水質：water quality／水质／수질／chất lượng nước　　優れる：to be superior／优良, 出色／우수하다, 훌륭하다／vượt trội

第18課

B. （　　）の中には同じものが入ります。▨の中のどれがいいですか。

①

私の村は小さな島で、主な産業は漁業です。島の周りの（①　　）はとてもきれいで、ここで捕れる魚は味がいいと評判です。もし、このきれいな（①）がなくなったら、漁ができなくなってしまうかもしれません。島の人たちは（①）なしでは生活できません。だからこの（①）を大切にしていきたいと思います。

②

私のうちの近くに（②　　）があります。その（②）のおかげで子どものときから自然の豊かさに触れることができました。家族と一緒に遊んだり、果物やキノコなどを採ったりしました。（②）がなければ、このような経験はできませんでした。将来、子どもたちもこのような経験ができるように（②）を守っていきたいです。

③

私の町は車やバイクでいつも渋滞し、工場からは煙が出て大気汚染が問題になっています。青い（③　　）が見られる日は、珍しくなってしまいました。早く手を打たなければ、水や農作物に影響が出て、取り返しがつかなくなります。青く澄んだ（③）が見られるように、一人ひとりができることから何かを始めなければならないと思います。

空　海　森

漁：魚介類を捕ること

澄む：to clear, become transparent／清澈／맑다,투명하다／trong

第18課

第19課 科学の力

科学の力は社会でどのような役割を果たしているでしょうか。

1. 生活の中にある科学のおもしろさを知ろう。
   興味や関心を引くように解説するときにどんな表現が使われますか。

   見つけた！

2. 介護ロボットについて考えよう。
   さまざまな立場や条件などを考えて、意見を言うとき、どんな表現を使いますか。

   伝えてみよう

3. 大変！ 壊れてしまったかも。
   物が壊れた状況を説明するときに、どんな表現を使いますか。

   こんなときどうする？

4. エネルギーについて知ろう！
   エネルギー問題に関する言葉や表現を知っていますか。

   耳でキャッチ

5. 医療でどんなことが話題になっている？
   医療技術に関して、どんな言葉を知っていますか。

   見つけた！

1. 生活の中にある科学のおもしろさを知ろう。
>>> 専門的な内容を興味・関心を引くように解説するときに使われる表現

A．ゆで卵のむき方についての記事を見つけました。①②はa，bのどちらですか。

誰にでもできる、「つるつる」のゆで卵！

① (　)
ゆで卵を作ったとき、殻がきれいにむけなくて、がっかりしたことはありませんか。きれいにむけないのはなぜでしょうか。

卵の白身にはCO_2が含まれています。新しい卵ほどCO_2が多いのです。卵をゆでたときにこのCO_2が膨らんで、殻の内側にある薄い皮に白身がついてしまうのです。そのため、殻をむくときにこの薄い皮が取れにくくなってしまいます。実は、ゆで卵を作るときには、少し古くなった卵のほうがCO_2が少なくなっていていいのです。

② (　)
どうしたら新しい卵で「つるつる」のゆで卵が作れるのでしょうか。それは意外と簡単です。卵をゆでる前に、卵のお尻に針で小さい穴を開ければいいのです。卵のお尻側には、図のように「気室」と呼ばれる空気の部屋があります。ここに小さい穴を開ければ、卵をゆでるときに、CO_2が出ていき、薄い皮と白身がくっつきません。つまり、殻がきれいにむけるというわけです。

a．読み手の興味を引き付ける　　b．事実の紹介

つるつる：smooth／光滑,滑溜／매끈매끈,반들반들／nhẵn nhụi　　膨らむ：to swell／膨胀／부풀다,불어나다／làm phồng lên

B．窓ガラスの掃除についての記事を見つけました。①～③はa～cのどれですか。

窓ガラスの掃除に新聞紙を

① （　　　）

② （　　　）

③ （　　　）

---

a．そんなときには雑巾を使うより、新聞紙を小さく丸めて、それを濡らして拭いてみると、あっという間にピカピカ**になります**。

b．新聞紙**は**紙の繊維が細かいので、細かい汚れまで拭き取ることができる**のです**。また、新聞紙に使われているインクが油分を分解してくれるので、ピカピカになる**のです**。

c．窓を雑巾で拭いても、なかなかきれいにならないなんてことは**ないでしょうか**。

丸める：丸い形にする

雑巾：dustcloth／抹布／걸레／giẻ lau　　濡らす：to wet, dampen／浸湿,沾湿／적시다／làm ướt

ぴかぴか：shining, sparkling／闪闪发光,锃亮／반짝반짝／sáng loáng　　繊維：textile／纤维／섬유／sợi

インク：ink／墨水／잉크／mực　　分解-する：to disassemble, disaggregate／分解／분해(하다)／phân tích

第19課　163

2. 介護ロボットについて考えよう。
>>> さまざまな立場や条件などを考えて、意見を言うときに使う表現

A. 近年、介護ロボットへの注目がますます高まっています。あなたは介護ロボットについてどう思いますか。

介護支援型ロボット　　自律支援型ロボット　コミュニケーション型ロボット

ジョンさんとメアリーさんが介護ロボットについて、いろいろな立場や条件を考えながら意見を言っています。

> 私は介護する人の体力的な負担を減らす介護ロボット**なら**導入に賛成です。介護する人**にとって**、介護される人を抱き上げたり、抱えて移動したりすることはとても大変です。介護者の動きを補うタイプのロボットは作業の負担を減らすことにとても役に立ちます。体力的な負担を減らして作業の効率を上げることで、時間を有効に使うことができます。介護の仕事をする人は介護される人やその家族とのコミュニケーション、介護される人の体調管理などに多くの時間を使うべきだと思います。
> 　ただ、費用や運用**という点から言うと**、そのような介護ロボットの導入にはまだまだ多くの問題があります。それらの問題が解決でき**ない限り**、多くの介護現場に導入することは難しいと思います。

164　第19課

心の癒しを目的とした人型やペット型のロボットの導入には疑問があります。この
タイプのロボットは忙しい介護者に代わって、いつでも高齢者の心を癒して、寂しさ
や不安感を和らげることが期待されているのだと思います。でも、介護される側から
すると、機械とのコミュニケーションには抵抗があるのではないでしょうか。介護さ
れる側が求めているのは人間の介護者とのコミュニケーションだと思います。介護ロ
ボットを導入するなら、ロボットに介護のどの部分を任せるのか慎重に検討すべきだ
と思います。

検討-する：いろいろな面からよく調べて、いいかどうか考える

支援-する：to support／支援／지원-하다／hỗ trợ, chi viện

和らげる：to soften, moderate／使缓和, 使柔和／완화시키다, 진정시키다／làm dịu

部分：part, component／部分／부분／bộ phận

B.（　　　）に入るものをa～cから選んでください。

① 費用の問題さえ解決できれば、（　　　）。

② 介護する人の体力的な負担が解消されないことには、（　　　）。

③ 動物と触れ合うことは、精神的な安定や体のリハビリテーションに役立つそうです。本
　物の動物を飼うことが難しいという場合は、（　　　）。

a．気持ちに余裕を持って介護を行うことはできないでしょう。

b．ペット型のロボットを利用するのもいいのではないでしょうか。

c．すぐにでも介護ロボットを導入したいと考えている施設は多いと思います。

本物：the genuine article／真东西,真货／진짜／đồ thật

3. 大変！ 壊れてしまったかも。
>>>> 物が壊れた状況を説明するときに使う表現

スマートフォンが壊れてしまったので、買った店に行って修理を頼んでいます。

 あのう、先月こちらで買ったスマホが壊れてしまったようなんですが……。

調子が悪くなったのはいつからですか。

今朝、メールをしている最中に突然画面が暗くなったきり動かなくなってしまったんです。

そうですか。

そのあとも、ときどき音がするので、電源は入っているみたいなんですが、画面は暗いままなんです。

そうですか。

いくら画面を触っても、反応がなくて、再起動しようとしてもできないんです。

そうですか。それでは、こちらでお預かりして、状況を確認させていただきますので、少しお時間をいただきたいんですが……。

第19課

えっ？ スマホがないと、誰とも連絡ができなくて、本当に困るんです。今、就職活動をしているので、できるだけ早く見ていただきたいんですが。

お急ぎなんですね。代わりの電話をご用意しておりますので、ご安心ください。
故障の原因がわかり次第、ご連絡いたします。

ありがとうございます。よろしくお願いします。

再起動-する：to reboot／重新启动／재부팅(하다)／khởi động lại

4. エネルギーについて知ろう！
>>> エネルギー問題について説明するときに使われることば・表現

A. 日本のエネルギー自給率について解説しているニュース番組を見ています。

アナウンサー：石炭や石油、天然ガス、水力、太陽光など、自然界にそのままの形で存在するエネルギーを一次エネルギーと呼びます。一方、一次エネルギーを電気、ガス、ガソリンなどに変換したものを二次エネルギーといいます。

　日本は、一次エネルギーを石油、石炭、天然ガスといった**化石燃料に大きく依存**しています。しかも、エネルギーの**消費大国**でありながら、そのほとんどを**輸入に頼っ**ています。そのため、必要な一次エネルギーをどれぐらい国内で確保できているかという割合、これを**エネルギー自給率**と言いますが、日本のエネルギー自給率は先進国の中でも非常に低くなっています。そんな中、今、新たな一次エネルギーとして期待されているのが、水力、太陽光、**風力**や**地熱**、**バイオマス**などの**再生可能エネルギー**です。再生可能エネルギーは、資源がなくなる心配がないエネルギーです。発電時や地熱利用時に地球温暖化の原因となる二酸化炭素をほとんど排出しません。

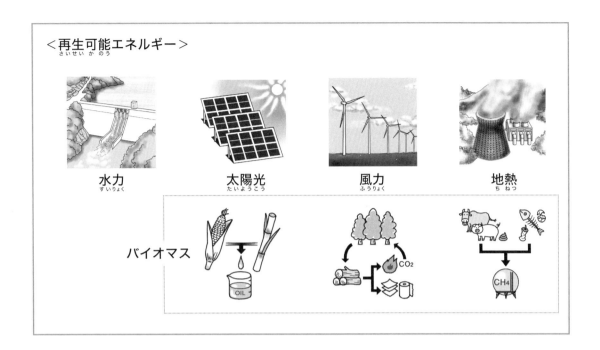

　政府は再生可能エネルギーの導入を進める方針を出していますが、再生可能エネルギーが一次エネルギーの**供給**に占める割合は、現在のところまだわずかです。自給率を上げるためには、コストなどの**経済性**、天候などの自然条件に影響されない**安定性**などの課題を解決していくことが求められています。

変換-する：別の物に変える　　わずか(な)：とても少ない

政府：government／政府／정부／chính phủ

B．エネルギー問題について説明しています。（　　　）に入る言葉を▊▊▊から選んでください。

① 日本は現在、電力の多くを（　　　）発電に頼っている。使われる燃料のうち、最も発電量が多いのは天然ガスで、次に石炭、石油となっている。

②（　　　）発電は環境問題に対する意識の高まりとともに、近年、再生可能エネルギーとして見直されている。中でも、ダムなどの大きな開発を必要としない小水力発電が注目を集めている。

③ 日本では2011年3月に発電所の事故が発生して以降、（　　　）発電を存続させるかどうかについて、安全性や経済性の面から議論されている。しかし、結論が出るにはまだ時間がかかりそうだ。

水力	原子力	火力
すいりょく	げんしりょく	かりょく

存続-する：存在し続ける

結論：conclusion／结论／결론／kết luận

C．バイオ燃料を知っていますか。

バイオ燃料とは、バイオマスを原料にして作られた燃料のことです。今、バイオ燃料の中でも期待されているのは藻類です。藻類を使ったバイオ燃料はコストなどの課題はあるものの、次世代燃料の一つとして実用化へ向けた動きが出ています。

藻類：seaweed, algae／藻类／식물／tảo

第19課

5. 医療でどんなことが話題になっている？
>>> 医療技術に関する記事などでよく使われることば

A.

痛くない注射針の開発

　注射をするときのあのチクっとした痛みは誰でも嫌なものです。特に、一日に数回注射をしなければならない人にとって、注射の痛みはストレスになっています。研究者たちは痛みからくるストレスを減らせないかと考えて、痛くない注射針の開発を始めました。そして、関西大学の青柳誠司教授は世界で一番痛みの少ない針の開発に成功しました。

　私たちは蚊に刺されたとき、痛みを感じません。蚊の針は細くて、のこぎりの歯のようにギザギザした物がついています。そのため、刺したとき細胞に触る面積が少なくなって、人は痛みを感じないのです。青柳教授はこのメカニズムに注目して、痛くない針を開発しました。この針は糖尿病の患者が血糖値を測るために、指先から血液を採る針として使われています。今までの針と比べて痛みが大幅に減って、ストレスはかなり少なくなったということです。

　現在、薬剤を注射できる、細くて痛くない針の開発を目指して、研究が続けられています。

注射針：hypodermic needle／用于注射的针／주삿바늘／kim tiêm

ちくっと：to prick (with a pin, etc.)／形容在受到针刺,电流等较为微弱刺激时的感觉／따끔거리다／đau nhói

針：an object like a needle used to create small hole／指缝衣针等用于扎孔的工具／침 ,바늘／cái kim

のこぎり：saw／锯／톱／cái cưa　　ギザギザ：jagged／呈锯齿状／들쑥날쑥／răng cưa

面積：surface area／面积／면적／diện tích

メカニズム：mechanism／机制／메커니즘／cơ chế　　糖尿病：diabetes／糖尿病／당뇨병／bệnh tiểu đường

血糖値：blood sugar level／血糖値／혈당치／chỉ số lượng đường trong máu

第19課　171

B. 体や病気に関する言葉

①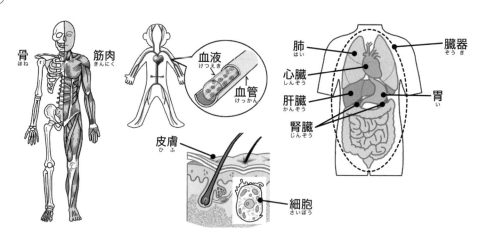

② **遺伝子**とは、親から子へ伝わる情報のことで、人を作る設計図のようなものだ。

③ インフルエンザは**ウイルス**が原因でかかる病気である。発熱や鼻水、喉の痛みなど**症状**は風邪に似ているが、風邪より重くなりやすい。

④ この薬は、人によっては眠くなったり喉が渇いたりするなどの**副作用**が出ることがある。

⑤ やけどで**皮膚科**へ行った。

設計図：blueprint／设计图／설계도／bản vẽ thiết kế

C. 医療に関する言葉

①～⑤のイラストはa～eのどれですか。

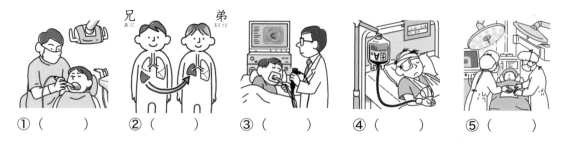

① (　　)　② (　　)　③ (　　)　④ (　　)　⑤ (　　)

a. がんの**手術**をする。　　b. 病気の弟に兄の**肺**を**移植**する。
c. 虫歯を**治療**する。　　　d. 車の事故で大けがをして、**輸血**した。
e. 胃の調子が悪かったので**検査**してもらった。

第20課 豊かさと幸せ

周りの人の経験や意見を知ることで、豊かさについて考えてみましょう。

---

1. あなたの幸せにとって大切なものは？

   大切だと思うものについて、優先順位を考えながら話すとき、どんな表現を使いますか。

   伝えてみよう

2. 幸福度について書かれた記事を読んでみよう。

   幸せについて考えるとき、どんな言葉が使われますか。

   見つけた！

3. 経営者はどんな経営理念を持っているんだろう。

   会社にはそれぞれ経営理念があります。経営理念を話すとき、どんな言葉や表現が使われますか。

   耳でキャッチ

4. 人物紹介を読もう。

   人が決意したときの状況や思いを伝えるとき、どんな表現が使われますか。

   見つけた！

5. 上手に交渉しよう。

   希望を伝えて予約するとき、どんな表現を使いますか。

   こんなときどうする？

1. あなたの幸せにとって大切なものは？
>>> 大切だと思うものについて、優先順位を考えながら話すときに使う表現

A.

家族ほど大切なものはありません。家族がいなければ今の私はいません。家族は今までもこれからも大切な存在です。家族の次に大切なのは友達です。何でも話せる友達がいるのは本当に幸せだと思います。その次は、健康です。健康でさえあれば、少しくらい大変なことがあっても頑張れます。4番目はお金です。お金はなくてはならないものです。でも、たくさん持っているからといって幸せというわけではありません。お金よりもどんな人たちに囲まれて生きるかが大切です。お互いに思いやることができる人がいてこそ、幸せな人生が送れると思います。

B. [　　]にはどんな言葉が入りますか。あなたのことを答えてください。
① 私にとって何よりも大切なのは [仕事 ・ 友達 ・ 健康] です。
② [友達の数 ・ 仕事の種類 ・ 健康] は私にとってそれほど重要とはいえません。

C. 文を作ってください。
① ＿＿＿＿＿＿＿＿＿＿＿＿＿＿＿時間は私にとって欠かせません。
② 私はどちらかといえば、＿＿＿＿＿＿より＿＿＿＿＿＿を大切にしています。
③ ＿＿＿＿＿＿＿＿＿はどうしても必要というわけではありません。

こんな表現もあります
・私にとって大切なことは、夢を追いかけることよりもむしろ経済的に安定した生活をすることです。経済的に安定していれば、結婚や子育てなど、人生の計画が立てやすいからです。

2. 幸福度について書かれた記事を読んでみよう。
>>> 国や地域の幸せについて述べるときに使われることば

A.

住民の幸せを実現するために

経済的豊かさを表すGDP（国内総生産）が上がっても、それが国民の幸福感に結び付いていないのではないか。そんな考えから、住民の**幸福度**を測る指標を作る**自治体**が増えている。

東京都の荒川区では、誰もが幸せを**実感できる**町の実現を目指して、2012年に独自の指標である荒川区民総幸福度（GAH）を作成した。荒川区は調査の結果を区の**政策**に役立てようと、2013年から毎年調査を行っている。

調査は「健康・**福祉**」「子育て・**教育**」「産業」「環境」「文化」「安全・安心」の6つの分野に分かれている。具体的な質問項目には、「あなたは幸せだと感じますか」「心身ともに健康的な生活を送ることができていますか」「地域は災害に強いと感じますか」など全46項目があり、住民はその**実感**の程度を5**段階**評価で回答する。

GAHの指標を作成した荒川区自治総合研究所は報告書の中で「この取り組みをきっかけとして、何が地域社会にとって幸せなのか、そのためにどうしたらよいのかということを区民と行政が一緒に考え、その実現に向けて行動を起こし、互いに幸福を分かち合うことができれば幸いである」と述べている。

段階：stage／等级,层次／단계／giai đoạn
行政：administration, executive government／行政／행정／hành chính
起こす(行動を起こす)：to instigate, cause／发起／일으키다／gây ra
分かち合う：to share／分享,分担／서로 나누다／chia sẻ

第20課　175

B. ＿＿＿＿はどんな意味ですか。a〜eから選んでください。

① 日本の女性の**平均寿命**は長い間世界一を保ってきた。（　　　）

② この学校の校長は**民間**企業の出身だ。（　　　）

③ 各国**政府**の代表が集まって世界経済の課題について話し合った。（　　　）

④ **GDP** は国の経済力を表す数値の一つだ。（　　　）

⑤ **価値観**は人によって異なる。（　　　）

a． 国や市町村など公的な組織に属さないこと（〜団体、〜企業、〜人）

b． 政治を行う機関

c． 国内総生産　Gross Domestic Product

d． 生まれてから死ぬまでの時間の長さ

e． 何をどのぐらい大切だと感じるかについての基本的な考え方

属す：所属する

公的（な）：public, official／公共的, 官方的／공적(인)／công　　　基本的（な）：fundamental, basic／基本的／기본적(인)／cơ bản

C． どちらがいいですか。

① 子育ての支援や介護サービスの提供などの［　**医療制度**　・　**社会保障**　］を充実させてほしいという人が多い。

② 市民が自治体に納めた［　**税金**　・　**貯金**　］は市民のために使われるべきだ。

③ この地域は盗難などの犯罪も少なく、［　**治安**　・　**安全**　］がいい。

④ 住民税の金額は、前年にその人が働いて得た［　**利益**　・　**所得**　］に応じて決まる。

⑤ 幸福度を測るためのデータには、所得や寿命など数値で表せる

　　［　**主観的**　・　**客観的**　］なものと、幸せかどうかなどの個人の気持ちを表す

　　［　**主観的**　・　**客観的**　］なものがある。

⑥ 経済のグローバル化に伴って、外国人を［　**雇用**　・　**就職**　］する企業が増えてきた。

⑦ 調査結果を［　**活性化**　・　**数値化**　］して、グラフを作った。

納める：渡すべきお金を払う

盗難：theft／失窃, 被盗／도난／ăn trộm

3. 経営者はどんな経営理念を持っているんだろう。
>>> 会社の経営理念について話すときに使われることば・表現

A．情報番組で食品会社の経営者がインタビューを受けているのを見ています。

アナウンサー：山田さんが会社を経営していく上で、大切にされているのはどんなことですか。

山田：それは、社員に投資すること、つまり、社員のためにお金を出すことです。当社の**経営理念**は「世界の人々の幸せに貢献する」というものです。その**理念**を実現するには、まず社員が幸せでなければなりません。給料を増やし、社員の生活や健康に気を配って、社員が安心して働けるようにすることが大切だと考えています。

アナウンサー：それは素晴らしいお考えですね。でも、実際にするのは、難しいこともあるのではないでしょうか。

山田：そうですね。でも、それをしないと、会社は成長できません。安心して働くことができれば、仕事に対するやる気も出て、仕事の上でチャレンジしたいという思いも出てくるでしょう。会社がそれを後押ししていけば、社員は必ず**成果を上げて**くれます。そうすれば、会社は自然に強くなり、**成長し続ける**ことができます。

アナウンサー：ああ、なるほど……。

山田：そうやって、会社が**利益を上げれば**、給料も増える。すると、また仕事に対する意欲も出る。そんなふうにして会社は**安定的に成長**していくんです。

アナウンサー：そうなんですね。山田さんは人材の多様化も進めていらっしゃいますね。

山田：はい。会社の経営はさまざまな能力や価値観、発想を持った人がいるほうがうまくいくという**考えに基づいて**、多様な人材を採用しています。彼らの持つ多様性を生かしていくという**方針**で、誰もが働きやすい職場づくり**を目指して**います。

アナウンサー：例えば、どのようにされているんですか。

山田：多様な人間がお互いを認め合うためにはコミュニケーションを取ることが大切だと考えています。気軽に社員同士が交流できるようにフロアにカフェスペースを作ったり、運動会などのイベントを行ったりして、普段からコミュニケーションを取りやすくしています。

アナウンサー：ああ、それは社員にとっていいことですね。

山田：ええ。それから、誰にとっても働く上で大事なことは、仕事と自分の時間の両立です。ですから、仕事の効率化を進めて残業を減らして、仕事以外のことに時間を使っては

第20課

しいと思っています。子どもができたら女性だけでなく男性も**育児休業**を取るように
勧めています。

アナウンサー：いろいろなことをなさっているのですね。最近、山田さんの会社では小学
校に行って食育の授業をされているということですが……。

山田：ええ、そうです。当社は子どもたちに食事への関心をもっと持ってもらいたいと考え
ているんです。これからも食品会社だからこそできる**社会貢献**活動に特に力を入れて
いこうと思っています。

多様(な)：さまざま(な)　　両立-する：二つのことを同時にうまくやる

食育：「食」に関する知識を身につけ、健康的な食生活が送れるようにする教育

投資-する：to invest／投资／투자(하다)／đầu tư

B．どんな意味ですか。a〜eから選んでください。

① 業績が悪化したＡ社は経営を立て直すため**リストラ**を行うことを発表した。　（　　　）

② 労働者の９割近くが安心して長く働ける**終身雇用**を希望しているという調査結果があ
る。（　　　）

③ 当社は育児休業や介護休業、寮やクラブ活動などの**福利厚生**が充実しています。（　　　）

④ 日本の会社では、長くその会社で働いていることが重視される**年功序列**制度が採用され
てきたが、近年は、**成果主義**を導入する会社が増えてきて、会社で働いている年数を問
うことが少なくなっている。（　　　）（　　　）

a．会社が組織を見直したり社員数を減らしたりすること。

b．会社が社員やその家族のために行う給料以外のさまざまな援助やサービス。

c．正社員として採用した人を**定年**まで雇い続けるシステム。

d．年齢や経歴ではなく、能力や仕事の結果によって、地位（課長、部長など）や給料を
決めること。

e．働いている年数や年齢が上がるとともに、地位（課長、部長など）や給料が上がること。

立て直す：悪い状態になったものを元のよい状態に戻す

経歴：今までどんな学校を出て、どんな仕事をしてきたかということ

正社員：regular employee／正式员工／정사원／nhân viên chính thức　　雇う：to employ／雇用／고용하다／thuê mướn

第20課

4. 人物紹介を読もう。
>>> 決意したときの状況や思いを伝えるときの表現

A.

①

今月のインタビュー　ヤン　ミンさん

今月は、留学生のネットワーク作りに取り組んでいる若者をご紹介します。

ヤンミンさん（25）は中国からの留学生で、現在、埼玉にある大学に通う三年生。幼いころから日本文化に魅力を感じていて、高校を卒業したあと、すぐ日本へ留学をした。

東日本大震災が起こったときのこと。被災地のことを伝えるニュースを聞いて、ヤンさんは実際に現地に行くことこそ重要だと考え、多くの仲間を誘ってボランティア活動をすることにしたという。「日本が好き、日本のために何かしたいという思いからこのボランティア活動を考えたんですが、他の参加者も同じ思いを持っていることがわかったんです。この体験をきっかけに、留学生同士をつなぐネットワーク作りができないかと考えるようになりました。」

このネットワークが広がり、多くの人たちの協力を得て、今では日本だけではなく、中国、フィリピンなどにも活動を広げている。これからももっと仲間を増やしていきたいと夢を語ってくれた。

②

インタビュアー：池田さんはどうしてこの活動を始めようと思ったんですか。

池田：大学生のとき、ある団体が行ったエコツアーに参加しました。そのエコツアーでツバルという国を訪れた**のがきっかけで**、卒業後は世界の人々にこの国の状況を知ってもらう活動に関わろうと**決心しました**。……

③

……外科医になろうと思って大学に入りましたが、私は手術が下手で、医者には向いていないと実感しました。それで、進路を変更し、研究者として新しい薬の開発をしたい**という理由**で、アメリカへ留学しました。

幼い：年齢が若い　　進路：これから進んでいく道

ネットワーク：network／网络／네트워크／mạng lưới

第20課

B. (　　　)にa〜cから選んでください。

①本屋で日本の漫画を見て以来、(　　　　　　)。

②お店のショーケースの中にあるきれいなケーキを見た瞬間、(　　　　　　)。

③中学生のとき、有名なダンサー、ジェイソンさんが踊っているのをテレビで見てジェイソンさんにずっと憧れていました。高校卒業後、進学しないで、彼のもとでダンスを習うために、(　　　　　　)。

a. 思い切って教室があるニューヨークへ行こうと決断しました。

b. 私が作りたいのはこんなケーキだと思ったんです。

c. ずっと日本語で漫画を読みたいと思っていました。

ショーケース：店の商品を並べておくケース

C. 何か大きい決断をしたことがありますか。そのときのことを紹介してください。

＿＿＿＿＿＿＿＿＿＿＿＿のは＿＿＿＿歳のときです。

＿＿＿＿＿＿＿＿＿＿＿と思って、＿＿＿＿＿＿＿＿＿＿＿＿ことにしました。

5. 上手に交渉しよう。
   >>> 希望を伝えて予約するときに使う表現

食事会に参加するメンバーのことを考えて、お店を予約しています。

お店のホームページを見て電話しているんですが。

はい、ありがとうございます。

来週の金曜日の夜6時に予約をしたいんですが。

ご予約のお客様ですね。何名様ですか。

14人です。

はい、14名様で来週の金曜日ですね。コースはお決まりですか。

はい。予算のことを考えるとAコースがいいと思っているんです。

はい。

でも、1つお願いがあって……。

はい。何でしょうか。

Aコースにあるエビの料理を鶏肉とか別の料理に変えていただくことはできないでしょうか。

そうですか。申し訳ありませんが、そういった変更はお受けできないことになっているんです。

第20課　181

あー、そうですか。そこをなんとかお願いできないものでしょうか。参加者の中に、エビのアレルギーの人がいるので……。コースの値段より少し高くなってもかまわないので、できれば変えていただけると助かるんですが。

そうですか。少々お待ちください。

⋮

お待たせいたしました。それでしたら、今回は特別にご希望に沿えるようにいたします。

そうですか。無理を言ってすみません。ありがとうございます。

できる日本語 中級
ことば・表現ワークブック

2018 年 5 月 21 日　初版第 1 刷発行
2025 年 5 月 15 日　初版第 8 刷発行

監　　修	嶋田和子（一般社団法人アクラス日本語教育研究所）
著　　者	できる日本語教材開発プロジェクト
	山口知才子（イーストウエスト日本語学校）
	落合知春（イーストウエスト日本語学校）
	高見彩子（イーストウエスト日本語学校）
	森節子（イーストウエスト日本語学校）
	渡辺響子（イーストウエスト日本語学校）
	澤田尚美（台湾・中国文化大学推広教育部）
発　　行	株式会社　凡　人　社
	〒 102-0093
	東京都千代田区平河町 1-3-13
	TEL：03-3263-3959
イ ラ ス ト	酒井弘美
装丁デザイン	岡村伊都
印刷・製本	倉敷印刷株式会社

ISBN 978-4-89358-947-7
©Kazuko SHIMADA, Chisako YAMAGUCHI, Chiharu OCHIAI,
Saiko TAKAMI, Setsuko MORI, Kyoko WATANABE, Naomi SAWADA
2018 Printed in Japan
落丁本・乱丁本はお取り替えいたします。
本書の一部あるいは全部について、著作者から文書による承諾を得ずに、いか
なる方法においても無断で転載・複写・複製することは、法律で固く禁じられ
ています。